KB059446

투잡하는 김 대리는
취업규칙을 위반했을까?

투잡하는 김대리는 취업규칙을 위반했을까?

대기업 15년 차 인사팀 노 과장의 스토리텔링 노동법 Q&A

노정진 지음

비전코리아

"노동자와 근로자의 차이는 무엇일까?"

회사에서 노무 업무를 처음 맡았을 때 가장 먼저 들었던 의문이다. 각종 법률 서적이나 참고하는 매체에서는 단어를 혼용하고 있어서 궁금해하지 않을 수 없었다. 관련 법에 따르면 노동자는 '노동력을 제공하고 얻은 임금으로 생활을 유지하는, 육체노동을 하여 그 임금으로 살아가는 사람'으로 정의하고, 근로자는 '사용자에 고용되어 근로에 의한 소득으로 생활하는 사람'이라고 말한다. 처음 접했을 때는 차이를 두기 어려울 정도로 정의가 모호하지만 사실 그 뜻에 숨겨진 '주체성' 여부에 따라 구별할 수 있다.

즉, 노동자는 '노동력을 제공하면서 주체적으로 노동 3권(단결권, 단체교섭권, 단체행동권)을 행사할 수 있는 사람'이고, 근로자는 '사용자에게 고용된 사람'이라는 의미로 풀이된다. 따라서 노동자에 대한 사회적 인식이 한 분야의 인간으로서 그 인격을 존중받을 권리가 있는 수평적 의미로 볼 수 있기 때문에 노동자로 표현함이 바람직하다는 목소리가 커지고 있으며 최근 자연스럽게 '근로'라는 단어에서 '노동'으로 옮겨 가는 추세다.

하지만 '노동'이라는 단어에는 늘 '갈등'과 '다툼'이라는 단어가 그림자처럼 따라다닌다. 왜 서로 다투고 미워하고 상대를 이기려고 할까? 왜 사용자와 노동자는 서로 견제하고 믿지 못하는가? 1980년대는 산업화의 불씨를 최고조로 당긴 시기였다. 그러나 정치 경제적으로 급격한 변화를 거치며 산업현장에서 부작용이 속출했다. 이를 개선하는 과정에서 노동자들의 목소리가 높아졌고, 노사 간의 이해가 상충하면서 분규가 끊이지 않았다. 당시에는 TV 뉴스 기사로 머리에 붉은색 띠를 두르고 회사나 공장 앞에서 자신들의 주장을 관철시키기 위해 대치하던 모습이 자주 등장했으며, 삭발 투쟁과 장기 단식 농성으로 주위를 안타깝게 만들기도 했다. 그로부터 30년이 지난 현재, 과거처럼 과격한 분쟁은 줄어들었지만 노사 간의 불신은 여전히 남아 있다.

노동자는 임금과 같은 처우 제도 자체의 문제, 즉 구조적 모순의 근본적 해결에 집중하고, 기업은 해결 방안 없이 시간을 끌수록 노동조합의 공세는 더욱 강화되고 있다. 근로자의 생활이 어려워질수록 노사 간의 갈등은 심화될 수밖에 없고 이는 결국 노동운동을 더욱 촉진한다.

아직까지도 근로자를 종속인으로 간주하여 생산에만 몰두하도록 강요하는 기업이 대부분이다. 또한 그들은 자본주의란 돈이 있는 자가 주인인 사회라고 정의하고, 주인이 있다 함은 은연중 하인이 있다는 것을 전제하며, 여기에서 하인은 돈이 각별히 필요한 자라고 할 수 있다. 노동운동을 전개하는 사람들은 투쟁을 부추기기 위해 자본주의 사회에서 근로자들은 종속된 하인과 같은 처우를 받는다는 의식을 강조한다.

기업은 시대가 변할수록 근로자들이 어떤 생각을 하고 어떤 행동을 추구하는지 빠르게 파악해야 한다. 아직도 기업은 이윤을 획득하기 위해 한 치 앞만 보고 있으며, 더 많은 이윤을 위해 근로자에게 당연히 지급되어야 하는 것들을 지급하지 않는다거나 임금을 삭감해야 한다고 생각한다. 여전히 임금과 이윤을 상호 대립적인 관계로 보고 있는 것이다.

시간이 흐르고 자유민주주의 시대로 접어들면서 노동자들은 점차 많은 권리를 누리고 있다. 자본가들의 생각도 많이 바뀌었다. 노동자들의 권리를 인정하고 그에 맞는 대우를 해줄 때 상품의 질도 높아지고 판매량도 늘어난다는 것을 알게 되었다. 하지만 다툼은 여전하다. 직원들은 자신과 가정을 위해 회사에서 땀을 흘리고, 경영자들은 회사의 존립과 성장을 위해 애쓴다. 대부분의 기업은 사용자들이 노동력을 착취하기에 유리한 구조다. 물론 회사는 참고 견디면 더 많은 보상을 해주겠다고 직원들을 설득하지만 현실은 그렇지 않다.

"아르바이트 고등학생 절반이 근로계약서 작성 안 했다."

2021년 말 언론에 여러 차례 등장한 실제 기사 제목이다. '경남 청소년 노동인권교육 실태조사' 결과를 인용하여 작성한 기사 내용을 보면 실제 근로 경험이 있는 학생들 중 절반가량이 근로계약서를 작성하지 않고 일하는 것으로 나타났다. 또 10명 중 3명은 임금을 제때 받지 못했거나 아예 받지 못한 것으로 나타나 학생 노동인권의 실체가 적나라하게 드러났다. 이 점은 우리나라 노동인권의 현주소이기도 하다. 노동자 대상으로 인권과 관련 법을 교육하는 프로그램과 시설은 현저히 적을뿐더러 말로만 지속적인 관심과 노력을 기울이겠다는 지방의원들의 무관심이 빚은 처참한 결과이다.

사실 학생뿐만 아니라 사회 취약계층이라는 약점을 이용해 사업주가 노동인권을 묵살하고 있는 것이나 다름없다. 이것은 관련 법규에 대한 지식과 상대에 대한 기본적인 배려가 부족해서 생기는 경우가 대부분이다. AI가 산업 현장에 등장하고 자율주행 자동차를 만들고 있는 현시대에 우리 모두가 아직도 겪고 있는 일이기에 몹시 씁쓸할 뿐이다.

어느 한쪽의 일방적인 위반 외에도 제도적 맹점 때문에 일어나는 사례도 빈번하다. 지난 2018년 현대차그룹의 부품업체인 현대모비스는 대졸 신입사원 최저임금 위반으로 시정 지시를 받았다. 현대모비스의 임금은 기본급과 상여금, 성과급으로 구성돼 있는데 입사 1~3년 차 현대모비스 사무직·연구원의 월 기본급을 시급으로 환산하면 6,800~7,400원 수준으로 당시의 최저시급 7,530원에 미치지 못한 것이 이슈가 됐다.

2021년 통계청 자료에 따르면 5인 미만 사업체 노동자 10명 중 4명은 최저임금도 못 받는 것으로 조사됐다. 전체 노동자 가운데 5인 미만 사업체 노동자는 전체 노동자의 17.8%에 달했다. 또한 같은 해 청년유니온이 조사한 노동 실태 현황에서 미용실 스태프로 근무하는 청년들의 최저임금이 지켜지지 않고 있다는 조사 결과가 나왔다. 위반율이 무려 95%에 육박하는 것으로 나타났으며 조사에 참여한 미용 스태프 청년들의 평균 시급은 6,287원으로, 당시 최저임금 8,720원의 72% 수준에 불과했다. 4대 보험에 모두 가입한 스태프는 응답자의 50%였고, 전혀 가입되어 있지 않은 경우도 28%에 달했다.

노동부의 근로감독관 인력을 늘려 최저임금 위반 감시·감독을 강화하고 「근로기준법」 위반 사업장을 수시 점검한다고 하지만 위법 소지가 해소되기는커녕 끊임없이 증가하고 있다.

코로나 팬데믹 시기에 전 세계적으로 유행한 대퇴사 현상은 우리나라도 예외가 아니며 노동시장에 여러 가지 시사점을 던진다. 그동안 장기적인 취업난으로 콧대가 하늘로 향했던 기업들의 입장이 난처해진 상황이다. 많은 유능한 인재들이 유출되는 것을 막기에 급급한 기업들은 연말 성과금을 분기에 지급하는 등 직원들에게 물심양면 공을 들이고 있다. 눈앞에 보이는 문제점에만 초점을 맞추는 것이 아니라, 모든 구성원들의 니즈(Needs)에 관심을 기울이고, 회사의 모순된 정책과 제도를 재정비할 필요가 있는데 언론을 통해 공개된 기업들의 대응책을 살펴보면 아쉬운 점이 많다.

위에서 언급한 것처럼 노사에 관련된 리스크는 우여곡절도 많고 변수도 많다. 이 책은 노사 간에 일어나는 다양한 문제에 대해 속 시원한 해답을 원하는 일선 인사 노무 담당자들을 위해 노동 현장에서 발생 빈도가 높고 관련 업무 담당자들의 갈등을 해소해줄 수 있는 사안들을 중점적으로 모았다.

1부에서는 노사관계를 위해 노동자와 기업 측이 올바른 사고를 바탕으로 서로 양보하는 미덕, 타협하는 슬기, 더불어 살아가는 지혜를 터득하기 위한 전략을 강구해야 한다는 이야기를 담았다. 노사관계의 매듭을 풀어나가는 데 있어서 가장 시급한 것이 노사 쌍방에 고착되어 있는 닫혀 있는 시각들을 현시대에 걸맞도록 변화, 개선하는 일이라고 생각한다.

책의 중심이 되는 2부에서는 현장 노무에 필요한 「근로기준법」 사례를 주인공인 노 과장과 무 주임의 대화 형식으로 꾸몄다. 실제로 현장에서 겪었던 일을 재구성하여 독자들이 이해하기 쉽게 서술한 것이다. 무엇이 옳고 그른지 판단할 줄 아는 인식과 살기 좋은 공동체 의식이 바로 설 수 있도록 정당성을 가진 가치관을 정립해야 하는데 그러기에 앞서 「근로기준법」에 관한 지식을 갖추어야 한다.

부록 '손 변호사가 알려주는 「근로기준법」 Q&A'는 필자가 멘토로 모시고 있는 노동연구가 손연주 변호사와 함께 최근 공인노무사 자격증 기출문제에 자주 등장하는 사례를 일문일답 형식으로 구성했으며 현장 근로자뿐만 아니라 공인노무사 준비생 등 많은 독자들이 공감할 수 있도록 스토리텔링으로 풀었다.

부디 이 책에서 소개하는 다양한 사례를 통해 현장에서 일하는

1,900만 근로자(노동자)들이 소중한 권리를 지키고 기업도 바람직한
조직문화와 노사관계를 만드는 데 조금이나마 보탬이 되었으면 한다.

2022년 4월 노동 현장에서

노정진

등장인물

㈜ 두풍기계

설립 30년이 넘은 두풍그룹의 건설용 기계장비 제조업체. 상시근로
자 1,000명이 재직하는 두풍기계는 복수 노동조합이 운영되고 있으
며, 강성노조로 인해 파업 사례가 잦다.

노 과장(39세)

대졸, 인사1부 과장, 입사 12년 차, 두풍기계 19기 공채,
현장 직원을 섬기는 자세로 대하고 있으나, 소속 부서
동료들에게는 원칙적인 모습이 강해 때로는 냉정하다
는 소리를 들을 때가 있다. 올바른 노사관계와 조직문화가 기업의 발전에 가장
중요하다는 가치관을 갖고 있다.

무 주임(51세)

고졸, 제1공장 생산1팀 주임, 입사 26년 차, 사업장에서
자주 발생하는 노사 문제가 법적으로 저촉되지 않는지
노 과장에게 종종 조언을 구한다. 사내에서는 생산직 노
동조합원이지만 노사 간에 중립적인 역할을 하고 있다.

이제철(52세)

대졸, 인사1부 팀장, 입사 20년 차, 노무사 출신, 추진력도 강하고 직원들 사이에 카리스마 있는 리더. 거침없는 성격 때문에 노동조합원들과 가끔 마찰을 빚는다.

최용기(30세)

대졸, 인사1부 대리, 입사 3년 차, 조금은 엉뚱한 캐릭터. 신입사원처럼 아직 많이 서툴러 상사에게 한 번씩 잔소리를 듣지만 노 과장이 아끼는 후배 중 한 명.

한이룸(28세)

대졸, 안전방재팀 사원, 입사 2년 차, 근태 관리 담당자, 습득력이 빨라서 한번 배운 내용은 잊지 않으며 늘 메모하는 습관이 있다.

김솔(29세)

초대졸, 인사2부(파견직), 어린이집 관리 등 서무 업무 담당자. 직원들에게 항상 웃는 얼굴로 밝은 이미지.

손연주(40세)

대졸, 법무팀 차장, 입사 8년 차, 최용기 대리가 많이 의지하는 법무팀 변호사. 직원들의 질문에 항상 친절하게 답변해준다.

PART 1

노사관계에도
전략이 필요하다

chapter 1

바람직한 노사관계

노사관계가 좋지 않으면 기업과 근로자 간에 분쟁이 자주 발생하고 문제점들이 개선되지 않으면 시간이 지날수록 기업의 경쟁력은 떨어진다.

기업의 경영진과 리더들에게 경영이념을 물어보면 대부분 주주의 이익과 기업가치의 상승이라고 답한다. 잘 팔리는 상품을 개발하여 고객 만족을 이룰 때 기업가치가 올라간다는 것이다. 이것이 지금까지 이어져 내려오는 고착화된 기업의 경영이념이다.

이러한 구시대적 경영이념 자체가 법에 저촉되거나 사업 아이템 개발에 걸림돌이 되는 일은 없다. 문제는 기업의 경영이념이 바뀌지 않는 한 노사관계도 개선되지 않는다는 것이다. 기존의 경영이념은 기업가치가 올라가면 노사관계도 좋아질 것이라는 논리이지만 주주의 이익 자체가 노사관계에 긍정적인 영향을 미치는 것은 아니다. 기업은 주주의 이익뿐 아니라 내부 고객(노동조합원을 포함한 모든 직원)의

이익까지 포함하여 경영이념을 보완해야 한다. 이제는 국내뿐만 아니라 외국인 투자자들도 해당 기업의 노사관계를 확인한다는 점을 잊어서는 안 된다. 그만큼 발전된 노사관계가 기업의 성장에 미치는 영향이 크기 때문이다.

노사문제의 요인은 기업과 근로자 모두에게 있다. 기업은 수익을 늘리기 위해 생산량 증대에 몰입하며 이것이 주주의 이익과 근로자의 이익까지 증대한다는 관점으로 접근한다. 반면 근로자는 회사의 모든 가치는 자신들이 땀 흘려 이룬 것이라고 생각한다. 회사는 근로자가 일하기 위한 터전을 만들어준 주인이라는 의식, 근로자는 노동을 통해 터전을 넓혀줬으니 더 많은 이익을 가져가는 것이 정당하다는 의식이 서로 상충하는 것이다. 그런 잘못된 인식 때문에 많은 산업현장은 지금도 투쟁 중이다.

노사문제는 일반적으로 사안 발생→협상 결렬→투쟁(파업)으로 진행된다. 바람직한 노사관계로 발전하기 위해서는 이러한 패러다임을 개선할 필요가 있다. 먼저 상대가 어떤 상황에 있는지를 면밀하게 분석해야 하는데 사소한 사안이라도 잘못 해석하고 받아들이면 부정적인 행동을 취하게 된다. 서로 생각이 다르면 결과를 도출하기까지 많은 노력과 시간이 걸린다. 노사관계는 결국 인간관계이므로 양측의 패러다임을 존중함과 동시에 자신들의 패러다임을 개선하려는 의지가 있어야 발전할 수 있다.

올바른 노사관계를 위해 사용자와 근로자는 무엇보다 합리적이고 공정한 말과 행동을 원칙으로 삼아야 한다. 서로에 대한 존엄성이 무시되면 신뢰를 잃고 폭력적인 관계로 바뀌기 쉽다. 노사관계는 작은 사회관계다. 사회는 사람과 사람이 모여 공동생활을 하는 모든 형태의 인간 집단이다. 인간이 우선되고 중점이 되는 사회에서 결국 합리성과 공정성의 원칙은 삶의 기본 요소다. 이러한 원칙을 준수할 때 비로소 발전적인 노사관계를 이룰 수 있다.

노사관계 개선에는 상황에 따라 많은 재원과 시간 그리고 인력이 투입되어야 한다. 기업은 비용이 부담스럽다고 느낄 수 있지만 나중에 따라올 경제적인 효과를 측정한다면 '투자'라고 부를 수 있을 정도로 중·장기적인 이익이 더 크다. 기업과 근로자가 윤리의식을 가지고 서로 신뢰할 때 기업의 이익과 근로자의 이익이 함께 상향된다. 윤리의식이 투철한 기업은 직원들을 공정하고 합리적으로 대하고, 윤리의식이 투철한 근로자는 더욱 열심히 일하며 생산성을 높인다. 이러한 선순환을 통해 자연스럽게 얻는 것은 신뢰이다.

윤리의식과 신뢰를 바탕으로 노사문제를 해결하고, 개선된 노사관계를 통해 기업의 경쟁력은 올라가고 주주의 만족도는 커진다. 지속적으로 성장하는 기업과 삶의 질이 향상되는 근로자, 투자금을 확대하는 주주를 통해 우리나라 산업은 더욱 발전하고 국민의 복리 증진에도 이바지할 수 있다. 그런 점에서 노사관계는 우리나라 전체 경제에 영향을 미치는 것이다.

chapter 2 조직문화와 노사관계

기업의 조직문화를 개선하는 것과 노사관계를 개선하는 것은 사실상 큰 차이점이 없다. 조직의 구성원이 근로자이기 때문이다. 하지만 조직문화를 개선하는 방법과 노사관계를 개선하는 방법은 절차상의 차이가 있다.

조직문화는 노사관계에 직접적인 영향을 미친다. 기업의 입장에서 조직문화 개선이 힘든 이유는 무엇보다도 노동조합 때문이다. 노동조합은 조직문화 개선에 투자하는 비용으로 처우 개선을 해달라고 요구한다. 더구나 투쟁적인 말투로 인해 상황이 더욱 악화되기도 한다. 노동조합원들의 과격한 의식부터 먼저 개선해야 조직문화도 발전할 수 있다.

노동조합 측에 물어보면 기업이 조직문화를 빙자하여 근로자의 정당한 몫을 뺏어간다고 주장한다. 또한 기업이 불합리한 제도와 규칙을 적용하여 산업현장에서 노동 강도가 높아져서 신뢰가 사라졌으니 기업이 먼저 바뀌어야 한다고 말한다. 조직문화를 만들고 개선하는 이유는 회사와 직원이 서로 소통하며 하나의 커뮤니티를 만들기 위함이다.

최근 MZ세대가 경제활동에 참여하기 시작하면서 기업의 조직문화도 다양하게 변하고 있는 추세이지만 그들과 소통하는 분위기를 만들기가 쉽지는 않다. 개인주의 성향이 강한 MZ세대는 회사는 일터를 제공하고 노동의 대가인 임금을 주는 곳이라고 여길 뿐 그 이상의 의미를 부여하지 않는다.

이 시대의 트렌드를 이끌어가는 세대와의 소통은 굉장히 중요하다. 기업들은 4차 산업혁명 시대에 맞춰 생산력을 높이기 위해 90년대생들과 함께 기업문화를 재정비하고 직원들의 목소리에 귀를 기울여야 한다. 90년대생들은 새로운 시대를 만드는 주체이다.

우리나라 기업들은 변화하는 시대상에 따라 구성원들이 원하는 것이 무엇인지 파악해야 한다. 그래야만 모든 세대가 소통할 수 있는 새로운 조직문화를 정착할 수 있다.

PART 2

현장 노무에 필요한
「근로기준법」 사례

chapter 1 취업규칙

취업규칙은 회사에서 직원의 복무 방침과 근로조건을 사용자가 글로 작성한 규범이다. 사용자가 일방적으로 작성한 것으로 근로자가 취업규칙을 위반하면 그에 따른 처벌을 받는다. 따라서 취업규칙은 회사의 법(法)이라고 할 수 있다.

일부 기업들은 규정, 사규, 복무규정이라고 부르기도 한다. 하지만 명칭은 상관없이 취업규칙으로 효력을 가지며 이를 변경, 보완할 경우 정해진 절차를 거쳐야 한다. 애초에 취업규칙은 다수의 근로자가 단체생활을 하는 직장의 질서를 유지하는 데 필요한 복무지침과 위반의 기준을 제시한 것이었다. 하지만 오늘날은 근로조건의 최저 기준을 설정해 실질적으로 근로자를 보호하는 역할을 한다.

「근로기준법」 제93조에 '상시근로자 10명 이상이 근로를 하는 사업장은 취업규칙을 작성하여 고용노동부 장관에게 신고하여야 하며, 이를 변경하는 경우에도 또한 같다'라고 명시되어 있다. 10명 이하 사업장에는 해당하지 않으니 「근로기준법」에 저촉되지만 않으면 된다는 식으로 법령을 이리저리 피할 궁리만 하려는 태도는 개선되어야 한다.

아직 우리나라 기업들의 노사관계는 수월하지 않다. 누가 더 '우월적 위치'에 있느냐고 묻는다면 대부분 '사측'이라고 말한다. 근로자들이 불리할 수 있는 상황이나 환경에 노출되기 쉽다는 것이다. 기준이 되는 취업규칙이 없다면 그 회사의 근로자는 항상 불리한 입장에 놓이게 된다.

직원들의 인격을 존중하면서 제대로 일할 수 있는 근로 환경을 만들기 위해서는 10명 이하의 사업장이라 하더라도 취업규칙이 필요하다. 작성과 변경의 주체가 사업주인 만큼 근로자에게 불리한 내용으로 작성될 수 있으므로 근로자의 참여가 중요하다.

회사가 나를 인정하고 보호해주고 존중하며, 한마디로 일할 맛 난다고 직원들이 느낀다면 회사의 생산성은 향상될 수밖에 없고 매출도 동반 상승한다. 많은 학자들과 기업인들이 인정하는 원칙이기에 반대 의견을 내세우는 사람들은 없을 것이다. 대기업들은 그 원칙에 충실하지만 아직 많은 중소기업들은 실천하기를 두려워하고 있다.

법은 늘 변한다. 시대가 변하고 세대가 바뀌고 사상과 철학 그리고 사회적 가치관도 바뀌기 때문이다. 변화하는 시대상을 반영하고 민주적인 노사관계를 위해 취업규칙 개정을 게을리해서는 안 된다. 정년 연령을 비롯해 모든 기준을 빠르게 개편해서 적용해야 한다. 장기적으로 생산성을 유지하는 데 필요한 작업이기 때문이다.

유리한 조건 우선 적용의 법칙

이제철 노 과장님, 왜 그렇게 모니터를 유심히 보고 계세요?

노과장 인터넷 신문에서 사용자와 근로자 간 분쟁 기사를 읽는 중입니다. 팀장님! 취업규칙과 근로계약 내용이 서로 충돌할 경우 상위 법 우선의 법칙을 따르는 게 맞죠?

이제철 그렇습니다. 「근로기준법」, 단체협약, 취업규칙, 근로계약 순서이고, 상위 규범에 저촉되는 하위 규범은 효력을 발휘할 수 없어요.

노과장 저도 그렇게 알고 있었는데 최근 판례에서 반대로 취업규칙보다 하위 법인 근로계약이 우선 적용되는 판결도 가끔 나오는 이유는 무엇일까요?

이제철 취업규칙은 근로조건과 복무규율에 관한 기준을 통일하기 위해 사용자가 일방적으로 작성한 것이고, 근로계약은 사용자와 근로자의 합의에 의한 것입니다. 어떤 근로조건에 관하여 취업규칙과 근로계약이 각기 다르다면 근로계약이 근로자에게 더 유리하다고 해석될 경우 취업규칙보다 우선 적용된다고 판결하고 있습니다.

관련 법률

「근로기준법」 제97조 - 위반의 효력

취업규칙에서 정한 기준에 미달하는 근로조건을 정한 근로계약은 그 부분에 관하여 무효로 한다. 이 경우 무효로 된 부분은 취업규칙에서 정한 기준에 따른다.

취업규칙 변경 시
이익과 불이익의 판단 기준

최용기 노 과장님, 우리 회사의 취업규칙이 계속해서 개정되는 것을 보니 그만큼 노사관계에 신경 쓰고 시대 흐름에 발맞추려는 노력이 느껴지네요.

(노과장) 최 대리님이 오랜만에 제대로 된 말씀을 하시네요.

최용기 그런데 취업규칙이 변경될 때 근로자 입장에서 불이익이 되는지는 어떻게 판단할 수 있나요?

(노과장) 일반적으로는 사회통념상 합리성 여부에 따라 이익이 되는지 불이익이 되는지를 판단합니다. 합리적인 변경이라면 불이익으로 보기 어렵다는 것이지요.

최용기 물론 그 합리성은 객관적인 기준으로 판단하겠죠?

노 과장 그렇죠. 취업규칙의 변경 내용이 일부 근로자에게는 유리하지만 다른 근로자에게는 불리한 경우, 불이익 사항으로 변경하려는 '개별적 기준'과 복수의 유사한 근로조건 간에 유리한 조건과 불리한 조건이 섞여 있는 경우 '종합적 기준'이 객관적 기준으로 성립되는 것입니다.

최용기 아, 그렇군요. 앞으로 '개별적 기준'과 '종합적 기준'이라는 점을 명심하겠습니다.

불이익하지 않은 경우(예)	불이익한 경우(예)
1. 연장근로의 축소 2. 정년의 연장 3. 기존 규정을 전제로 세부적인 절차 규정을 둘 경우 4. 평일 소정근로시간을 연장하여 토요 휴무를 실시할 경우	1. 정기승급제도 통합으로 승급 지연 2. 연봉제 도입으로 임금이 상승하는 근로자와 저하되는 근로자 발생 3. 정년 규정 신설로 인한 단축 4. 불합리한 기준의 징계 기준 신설

취업규칙의 이익,
불이익 변경 시 동의 방법

최용기   취업규칙 변경이 근로자에게 이익이 되는 것으로 판단되는 경우 근로자의 과반수 의견 청취 정도만 있으면 충분하지 않나요?

노과장   맞아요. 노조원 과반수의 의견서를 받는 등 집단적 회의 방식을 거쳐도 되고 취업규칙을 회람해서 서명을 받아도 됩니다.

최용기   그렇다면 불이익 변경으로 판단되는 경우에 어떻게 동의를 거치는 거죠? 이 부분이 가장 까다로운 절차 같아요.

노과장   불이익 변경일 경우에는 근로자 과반수의 집단적 동의가 필요합니다. 동의서나 회의를 통해 과반수 노조의 동의를 받아야 하는데, 많은 경우 부서별 회의도 가능합니다.

최용기 　 집단적 동의가 필요하다는 것은 다시 말해서 개별적 동의는 효력이 없다는 의미인가요?

노과장 　 네, 따라서 이번에 회사 노사협의회 근로자위원이 동의한 것 역시 효력이 없다고 보시면 됩니다.

관련 법률
불이익 변경 시 동의 절차
....
- 집단적 의사결정 방식(회의 방식)에 의한 동의 필요.
- 근로자 개인의 동의는 효력 없음.
- 개인별 회람 후 동의서를 나눠주고 개별 서명하여 회수하는 방식 역시 효력 없음. 단, 사업장 기구 및 부서별 의견을 교환하여 찬반 의견을 집약한 후 전체적으로 취합하는 것은 허용.
- 노사협의회 근로자위원이 동의한 것은 효력 없음.

동의 없는 취업규칙
불이익 변경 시 법적 효력 여부

이제철 노 과장님, 왜 그렇게 심각한 표정으로 저를 쳐다보세요?

노 과장 팀장님을 보니 갑자기 묻고 싶은 게 있어서요. 혹시 회사에서 근로자의 동의 없이 일방적으로 취업규칙을 불이익하게 변경한 사례가 있었나요? 제가 입사한 이후로 그런 사례는 없는 걸로 알고 있는데.

이제철 네, 최근에는 그런 사례가 없지만 제가 입사하기 전만 해도 그런 일이 비일비재했다고 들었습니다.

노 과장 근로자의 동의 없이 취업규칙을 불이익하게 변경해도 법적 효력이 있을까요?

이제철 제가 입사하기 전 노무법률사무소에서 일할 때 자주 들었던 질문이네요. 근로자의 동의 없이 취업규칙을 불이익하게 변경한 경우에도 법적 효력은 있습니다. 다만 불이익으로 피해를 입은 직원들에 대해서는 변경 전의 취업규칙을 적용할 수 있습니다.

관련 법률
대판 1995다32631. 1996.12.23

취업규칙이 근로자 집단의 동의 없이 근로자에게 불이익하게 변경된 경우에도 법규적 효력을 가진 취업규칙은 변경된 취업규칙이고, 기득이익이 침해되는 기존 근로자에 대해서는 종전 취업규칙이 적용된다.

의견 청취의 주체

근로자 대표 팀장님! 어제 저희 노조에 보내신 메일을 보고 전화드렸습니다.

(이제철) 아, 대표님이신가요? 취업규칙 변경 건에 대해 제 의견을 보내드 렸습니다만……

근로자 대표 그런데 내용을 보니 저희 노조는 의견 청취의 주체가 될 수 없다고 되어 있던데 그게 무슨 말씀인가요?

(이제철) 오늘처럼 날씨 좋은 날에 왜 화를 내고 그러세요? 이번 취업규칙 변경 건은 의견 청취로만 변경할 수 있는 것은 맞지만, 의견 청취 대상자 를 전체 직원들로 구성하려고요.

근로자 대표 저희 노조가 전체 근로자의 과반수인데도 주체가 될 수 없다고요? 무슨 근거로 그렇게 막무가내로 진행하십니까? 우릴 무시하는 건가요?

이제철 생산직 노조원이 전체 근로자의 과반수가 되더라도 이번 취업규칙 변경 건은 회사 전체 직원들에게 적용되는 부분입니다. 사무직, 연구직, 전산직, 영업직 직원들은 생산직 노조에 가입할 수 없을뿐더러 생산직 노조가 적용 대상 근로자집단의 과반수를 대표하는 것으로 볼 수 없다는 법무팀 의견이 있었습니다. 회사 전체를 대표하지 못하는 생산직 노조의 의견 청취는 효력이 없다고 판단되어 그렇게 말씀드린 겁니다.

관련 법률
고용노동부 근로기준과-1118, 2009. 4. 24.
사업장에 전체 근로자 과반수 대표 노동조합이 있다고 하더라도 "취업규칙 변경 대상이 되는 근로자집단"이 가입할 수 없는 등, 노동조합이 적용 대상 근로자집단 과반수를 대표하고 있다고 볼 수 없는 경우에는 취업규칙 변경 시 의견 청취 주체가 될 수 없다.

회사의 모든 규정

노 과장 팀장님! 취업규칙의 정의에 따르면 '근로자에 대한 근로조건과 복무규율에 관한 기준을 집단적이고 통일적으로 적용하기 위해 사용자가 일방적으로 제정한 것'이라고 하는데, 그렇다면 회사의 모든 규정을 취업규칙이라고 할 수 있나요?

(이제철) 굉장히 어려운 질문이네요. 사실 회사마다 규정이 각각 다르기 때문에 그에 따라 많은 판례가 생겨나고 있습니다. 고용노동부는 기업의 인사나 정원, 직제 개편 등이 포함되는 경영권 관련 사항은 취업규칙에 포함되지 않는다고 하지만 우리 회사는 사실상 인사, 경영권에 속하는 규정이라 하더라도 직간접적으로 근로조건에 영향을 미치고 있어서 무조건 취업규칙이 아니라고 할 수도 없어요.

노과장 어떤 사항은 취업규칙에 포함되고 어떤 것은 그렇지 않으니 기준이 참 모호하네요. 예를 들면 어떤 규정이 주로 많이 언급되었나요?

이제철 가장 많이 물어보는 것은 '인사위원회' 규정입니다. 단순히 인사위원회 절차만 명시되어 있다면 근로조건이 아니므로 취업규칙에 해당하지 않는다고 볼 수 있지만 인사위원회에 따른 징계까지 명시된다면 근로조건의 일부로 적용되어 취업규칙으로 보는 것이 맞습니다. 기재한 내용에 따라 달라질 수 있어요.

관련 법률

고용노동부 근로개선정책과-314, 2015.2.12

기업의 인사(승진, 평가, 시험)·경영권(정원, 직제 개편 등)에 속하는 사항은 근로자의 근로조건, 복무규율 등을 직접적으로 규정하는 취업규칙에 포함되는 사항은 아니다.

단시간 근로자를 위한
별도의 취업규칙 제정

이제철 노 과장님, 노동부 근로감독관 지도 점검이 언제인가요?

노과장 다음 달 첫째 주 월요일에 방문한다고 합니다.

이제철 준비서류 중에 취업규칙이 있었죠? 좀 더 보완해야 할 부분은 없을까요?

노과장 현재 크게 문제될 부분은 없어 보이지만 우리 회사가 단시간 근로자에 대한 근로조건 결정 기준이 서면으로 되어 있지 않아 그 부분이 좀 걱정입니다.

이제철 아, 그렇군요. 같은 분야의 업무에 종사하는 통상근로자의 근로시간을 기준으로 산정한 비율에 따라 근로조건을 둔다는 가정으로 추가 보완하도록 하시죠.

(노과장) 단시간 근로자의 취업규칙을 통상근로자의 취업규칙과 별도로 작성하자는 말씀이시죠?

이제철 그렇습니다. 단시간 근로자를 채용할 때마다 공통 취업규칙과 상충하는 부분이 있어서 분명 문제가 생길 거라고 예상했는데, 이번 기회에 정리해보죠

(노과장) 네, 바로 진행하겠습니다.

관련 법률

「근로기준법」 시행령 제9조(단시간 근로자의 근로조건 기준 등)

단시간 근로자의 근로조건을 결정할 때에 기준이 되는 사항이나 그 밖에 필요한 사항은 별표2와 같다.

별표2 단시간 근로자의 근로조건 결정 기준 등에 관한 사항

영리적 겸업(투잡)의
허용 여부

한이룸　노 과장님! 제가 취미 활동으로 운영하고 있는 블로그가 올해 갑자기 구독자가 늘면서 애드포스트 광고까지 붙어 수익금이 생기고 있어요. 그런데 혹시나 투잡으로 간주되어 회사에서 징계 처벌을 내리지 않을까 걱정입니다.

노과장　예전부터 이룸 씨가 운영해왔다는 맛집 탐방 블로그 말씀이시죠? 광고까지 붙었다니 대단하네요. 투잡을 금지하는 공공기관의 공무원과는 달리 우리 회사는 취업규칙에 투잡과 같은 겸업에 대한 내용은 별도로 언급하지 않고 있어요. 다른 사업을 겸직하는 것은 사생활의 범주에 속하는 것이고, 개인 직업 선택의 자유로 판단하기 때문이지요. 다만 우리 회사뿐만 아니라 대부분의 회사는 겸업으로 인한 충실감 상실로 본연의 직무 관련 근태가 불량하다거나, 업무상 취득한 정보를 통해 회사 기밀을 침해하는 일 등이 발생한다면 근로조건 준수 위반으로 징계 처벌을 내릴 수 있어요.

한이룸　네, 알겠습니다. 정말 다행이네요. 저는 투잡 자체가 취업규칙 위반인 줄 알았어요. 블로그 운영으로 발생한 수익금은 별도로 세금 신고하면 되는 거죠?

노 과장　일정 금액을 초과하면 종합소득세 신고 의무가 있는 것으로 알고 있어요. 상세한 내용은 재무팀에 알아보시면 도움이 될 거예요.

> 관련 법률
> **「근로기준법」 제5조(근로조건의 준수)**
> ....
> 근로자와 사용자는 각자가 단체협약, 취업규칙과 근로계약을 지키고 성실하게 이행할 의무가 있다.

chapter 2

근로계약서

최근 우리나라 중소기업의 허를 찌르는 소재로 웃음과 잔잔한 스토
리를 제공한 〈좋좋소〉라는 유튜브 드라마가 인기를 끌었다. 매번 취
업에 실패하던 남자 주인공이 무역과 IT 사업을 하는 5명 남짓한 회
사에 들어가면서 겪는 어처구니없는 일들을 보여주는데, 가장 기억
에 남는 장면이 입사 첫날 에피소드이다.

남자 주인공은 소파에 앉아 사장 면접을 보고 곧바로 입사가 결정되
었다. 사실 정식 면접이 아니라 사장의 과거 업적을 지루하게 경청하
는 수준이었다. 그런데 근로계약서를 언제 쓰냐는 물음에 사장의 답
변을 듣고 깜짝 놀란다.

"근로계약서? 그런 게 뭐가 필요해? 회사와 직원은 그냥 '믿음'으로
가는 거지!"

일부 중소기업의 실태를 보여주는 그 장면에서 공감하는 사람들이
많을 것이다.

일반적으로 회사에 입사하면 깨알 같은 글씨가 적힌 근로계약서를 받는다. 근무 장소, 근무시간, 급여 등 근로자의 권리를 증명하는 중요한 문서이다. 구두상으로 근로조건을 주고받을 경우 분쟁이 발생했을 때 증거 서류를 제출할 수 없으므로 서면 계약서를 주고받는다. 그런데 고용노동부에서 제공하는 표준근로계약서를 쓰더라도 크고 작은 분쟁이 많이 발생한다.

예전에는 중소기업이나 소상공인 사업장에서 근로계약서를 쓰지 않고 직원을 채용하는 경우가 허다했다. 우선 일부터 시작하고 기간이 한참 지난 후에 작성하는 경우도 많았다. 근로계약서를 작성하지 않은 상태에서 직원으로부터 신고당할 경우 사용자는 500만 원 이하의 벌금에 처해질 수 있다. 근로계약서는 상시근로자 5인 이상 또는 4인 이하 등의 기준 없이 무조건 작성해야 하며 정규직이나 아르바이트도 모두 이행해야 한다. 그럼에도 불구하고 근로계약서 작성을 생략하는 경우가 많은데, 1990년대생들이 취업전선에 뛰어든 최근에는 그나마 나아진 것이다.

근로계약서를 작성하는 것은 법에 따라 노동 조건을 명시하는 것이기도 하지만 근로자를 존중하고 노동의 가치를 보호하는 역할을 한다. 근로자는 삶의 질을 높이고 싶은 욕구, 안정적인 생활을 하고 싶은 욕구를 가지고 있다. 사업주는 근로자의 존엄성을 바탕으로 합리성에 위배되지 않도록 근로계약서 작성에 신경 써야 한다.

근로계약으로 인한 다툼은 대부분 오해에서 비롯되는 경우가 많다.

사용자는 오해의 소지가 생길 만한 것은 계약 사항에 포함하지 않으려 하고, 근로자는 이를 비뚤어진 시각으로 본다. 처음부터 제대로 작성한다면 노사 갈등의 씨앗이 애초부터 없을 텐데 갈수록 기업들의 근로계약서는 간소화되는 것이 현실이다.

포괄임금계약
아직도 유효?

무주임 노 과장님! 이번에 홍 선배님이 재계약했다고 들었습니다.

노과장 네, 오늘 오전에 인사 발령 공고가 났습니다.

무주임 홍 선배님과 계속 함께 일할 수 있어서 다행이네요.

노과장 61세의 나이에도 불구하고 결격사유 없이 열심히 회사 생활을 하시잖아요. 업무 성과도 좋고 후배들에게도 좋은 본보기가 되셔서 감사할 따름이죠.

무주임 홍 선배님 임금은 작년과 똑같이 포괄임금으로 계약되는 건가요?

[노과장] 2017년 정부에서 포괄임금계약을 금지하겠다고 발표했다가 2018년에는 금지 시기를 당분간 유예한다고 발표했거든요. 아직은 포괄임금약정이 유효한 것으로 보지만, 최근 들어 포괄임금약정의 효력을 엄격히 판단하는 추세라서 근로계약서 작성 시 포괄임금이 아니라 안전하게 다른 직원과 동일한 항목으로 체결할 예정입니다.

[무주임] 그렇군요. 정부의 포괄임금제 폐지 여부와 관계없이 이미 폐지한 기업들도 많다고 하더라고요.

관련 법률
포괄임금약정의 효력이 부인될 수 있는 사유

1. 연장, 야간, 휴일 근로시간을 정확하게 측정할 수 있는데 미리 급여에 포함하는 경우.
2. 연장, 야간, 휴일 수당을 전부 합산하여 지급하되, 각각 금액과 해당 시간을 알 수 없는 경우.
3. 포괄임금약정에 포함된 법정수당보다 실제 근로를 더 했으나 추가분을 지급하지 않은 경우.
4. 포괄임금에 묶인 야간, 연장, 휴일 근로에 가산수당이 산정되어 있지 않은 경우.
5. 특정 근로자에게만 기본급 등 통상임금을 낮추기 위해 포괄임금약정을 체결한 경우.
6. 서면 체결 없이 말로만 포괄임금약정이라고 한 경우 등.

근로계약 기간 만료 시
알아야 할 점

노 과장 여보세요, 인사1부 노 과장입니다.

무 주임 노 과장님, 무 주임입니다.

노 과장 무지한 주임님이신가요? 목소리가 굉장히 달라지신 것 같아요.

무 주임 어젯밤에 창문 열고 입 벌린 채 잤더니…….

노 과장 네? 뭐라고요?

무 주임 뭐 하나만 물어보려구요. 우리 부서 송자범 씨 아시죠?

노 과장 송자범 씨라면 기간제 근로자이시잖아요. 다음 달 말 근로계약 기간이 종료되는 분 맞죠? 엊그제 채용된 것 같은데 벌써 2년이 흘렀네요. 시간 참 빠르네요.

무주임 그래서 궁금한 것이 있는데요, 계약직 근로자에게도 해고 예고를 해야 하는가 싶어서요.

노 과장 해고와 만료(종료)는 엄연히 뜻이 달라요. 근로기간이 정해진 계약직은 기간이 만료되면 별도의 조치 없이 자연적으로 근로계약이 종료됩니다. 만료(종료) 예고를 하는 것이 의무 사항은 아니지만, 종료 날짜를 언급하는 것도 바람직한 방법이죠.

무주임 알겠습니다. 참고할게요.

관련 법률

대판 97다42489, 1998.1.23

근로계약 기간을 정한 경우 특별한 사정이 없는 한 그 기간이 만료함에 따라 사용자의 해고 등 별도의 조치를 기다릴 것 없이 근로자로서의 신분 관계는 당연히 종료된다. 다만 단기의 근로계약이 장기간에 걸쳐서 반복하여 갱신됨으로써 그 정한 기간이 단지 형식에 불과하게 된 경우는 예외적으로 근로관계가 계속 유지되는 것으로 본다.

근로계약 서류의 보존 기간

노 과장 최 대리님, 문서 보존 창고 정리는 잘되고 있나요?

최용기 네. 잔소리하는 선배님들이 휴가 중이셔서 더 잘 진행되고 있습니다.

노 과장 제가 혹시 도와드릴 건 없나요?

최용기 도와주실 것은 없는데 정리하다 보니 헷갈리는 점이 있습니다. 문서보존 기준표를 보면 근로계약 관련 서류의 보존 기간이 3년으로 적혀 있던데, 그럼 입사하고 3년이 지나면 근로계약서나 임금대장 등을 모두 파기해도 된다는 말인가요?

노 과장 아닙니다. 우리 회사 문서보존 기준표 역시 「근로기준법」을 근거로 작성되었어요. 보존 기간이 3년이라는 것은 퇴직 시점부터라는 의미입니다. 당연히 재직 중인 직원들의 서류는 계속 보존해야 합니다.

최용기 퇴직 시점부터 3년 동안 보존해야 하는 거군요. 근로계약 관련 서류에는 어떤 것들이 있죠?

노 과장 근로계약 관련 서류라고 하면 광범위하니까 회사에서는 '보존 대상 중요 서류'라고 부릅니다. 근로자 명부, 근로계약서, 임금대장, 기타 근태 관련 서류 등이 해당합니다.

최용기 그렇군요. 앞으로 보존 대상 중요 서류는 꼼꼼히 챙기도록 하겠습니다.

관련 법률
「근로기준법」 제42조(계약 서류의 보존)
....

사용자는 근로자 명부와 대통령령으로 정하는 근로계약에 관한 중요한 서류를 3년간 보존하여야 한다.

고령자 기간제 근로자의
2년 초과 계약

무주임　노 과장님, 검수팀에 근무하는 변웅기 씨의 계약 형태가 어떻게 되는지요?

노과장　검수팀 변웅기 씨는 계약직입니다.

무주임　그럼 인사부에서 관리를 잘못하고 있는 거 아닙니까? 변웅기 씨는 근무한 지 벌써 3년이 되어가는데요. 2년이 지나면 정규직으로 전환해야 되는 거 아닌가 해서요.

노과장　법률상 고령자로 분류되는 만 55세 근로자와 근로계약을 2년 초과해서 유지하는 경우에는 정규직으로 전환되지 않아요. 변웅기 씨는 근로계약 기간을 3년으로 했습니다.

네, 2년을 초과하는 계약직도 있군요.

관련 법률

「기간제 및 단시간 근로자 보호 등에 관한 법률」 제4조 (기간제 근로자의 사용)

사용자는 2년을 초과하지 아니하는 범위 안에서(기간제 근로계약의 반복갱신 등의 경우에는 그 계속 근로한 총기간이 2년을 초과하지 아니하는 범위 안에서) 기간제 근로자를 사용할 수 있다. 다만, 다음 각호의 어느 하나에 해당하는 경우에는 2년을 초과하여 기간제 근로자로 사용할 수 있다.

1. 사업의 완료 또는 특정한 업무의 완성에 필요한 기간을 정한 경우.
2. 휴직·파견 등으로 결원이 발생하여 해당 근로자가 복귀할 때까지 그 업무를 대신할 필요가 있는 경우.
3. 근로자가 학업, 직업훈련 등을 이수함에 따라 그 이수에 필요한 기간을 정한 경우.
4. 「고령자고용촉진법」에서 정한 고령자와 근로계약을 체결하는 경우.
5. 전문적 지식·기술의 활용이 필요한 경우와 정부의 복지정책·실업 대책 등에 따라 일자리를 제공하는 경우로서 대통령령으로 정하는 경우.
6. 그 밖에 제1호부터 제5호까지에 준하는 합리적인 사유가 있는 경우로서 대통령령으로 정하는 경우.

근로계약 갱신 기대권의 효력

노 과장) 최 대리님, 다음 달 말일 기준 계약 만료자 현황이 어떻게 되나요?

최용기) 방금 자료를 메일로 보내드렸습니다.

노 과장) 배차팀 직원들의 근무기간이 벌써 2년이 다가오는군요.

최용기) 배차팀 중 계약직은 총 10명이고요.

노 과장) 채용 당시에 개별 성과와 평가에 따라 정규직으로 전환 가능하다는 가정하에 채용했고, 실제로도 직원들에게 구두상으로 설명했죠?

최용기) 맞아요. 그래서 만료일에 근로계약을 모두 종료할 것인지, 아니면 인사평가표를 작성해서 정규직 전환을 검토할지 팀장님께 보고드리는 것이 어떨까요?

노 과장 　근로계약이 개별 평가에 따라 갱신될 것이라는 기대가 인정되는 경우에도 이를 무시하고 전원 근로계약 종료로 진행하면 부당해고에 해당할 수 있으니 평가 결과에 따른 정규직 전환 방안을 말씀드리도록 하죠.

최용기 　네, 그렇게 준비하도록 하겠습니다.

관련 법률

대판 2011. 4. 14, 2007두1729

근로자에게 근로계약이 갱신될 수 있으리라는 정당한 기대권이 인정되는 경우 사용자가 이에 반하여 부당하게 근로계약의 갱신을 거절하는 것은 효력이 없다.

전차금의 임금 상계 여부

노과장 　최 대리님, 책상 위에 있는 두꺼운 책이 뭔가요?

최용기 　《노동법전》이에요.

노과장 　아, 이제《노동법전》을 읽기 시작했군요. 대단한데요.

최용기 　하지만 주로 베개로 활용하고 있어요. 점심 먹고 나서 머리를 대고 자면 편안하거든요.

노과장 　…….

최용기 　여쭤볼 것이 있는데요.《노동법전》에 '전차금'이라는 용어가 나오던데 무슨 뜻인가요?

노과장 '전차금'은 근로를 조건으로 빌려준 돈이라고 생각하면 됩니다. 전대채권하고 비슷한 뜻이에요.

최용기 전차금을 임금에서 차감한다는 근로계약을 체결할 수 없는 거죠?

노과장 물론이죠. 사용자가 직원에게 근로를 조건으로 돈을 빌려주고 임금에서 차감한다는 것은 임금 전액의 원칙에 위배될뿐더러 강제노동으로 해석될 수 있습니다.

최용기 그렇군요. 자칫 강제노동으로 해석할 수 있겠네요.

관련 법률
「근로기준법」 제21조(전차금 상계의 금지)

사용자는 전차금(前借金)이나 그 밖에 근로할 것을 조건으로 하는 전대(前貸) 채권과 임금을 상계하지 못한다.

차별적 처우에 대한 분쟁 시 입증 책임 부담

이제철 노 과장님, 우리 회사에 시간제근로자는 몇 명인가요?

노과장 전 사업장 모두 합해서 120명입니다.

이제철 지난번에 말씀드렸던 시간제 근로자의 계약 현황에 대해 좀 더 파악해보셨나요?

노과장 부당한 소지가 있을 만한 계약 항목 말씀하시는 거죠? 법무팀에 알아본 결과 현재 차별적 처우가 될 만한 소지는 없는 것 같습니다.

이제철 혹시라도 우리가 놓치고 있는 부분이 있을지 모르니 좀 더 시간을 갖고 분석해봅시다. 작년처럼 시간제 근로자가 노동위원회에 차별적 처우 시정을 신청하는 일이 없도록 말이에요. 그때 상황 기억나시죠?

(노과장) 네. 힘들었지만 그래도 시간제 근로자들의 불합리한 상황이 많이 개선되어 다행입니다.

이제철 노 과장 같은 분들이 노사관계를 좋은 시각으로 바라보고 있어서 참 다행이네요.

(노과장) 아닙니다. 한 울타리에서 근무하는 우리 모두 같은 근로자잖아요. 차별적 처우가 있어서는 안 되죠. 그때 시정 신청하면서 분쟁에 따른 입증 책임은 회사가 부담했죠?

이제철 맞아요. 원래 사용자가 부담하게 되어 있습니다.

관련 법률
「기간제 및 단시간 근로자 보호 등에 관한 법률」 제9조
(차별적 처우의 시정 신청)
· ·
단시간 근로자가 노동위원회에 차별적 처우의 시정 신청을 하는 경우 차별적 처우와 관련한 분쟁에 있어서 입증 책임은 사용자가 부담한다.

근로계약의 필수 기재 항목

배경남 노 과장님, 안녕하세요. 저는 얼마 전에 두풍기계를 퇴직한 배경남이라고 합니다.

노 과장 생산3팀에서 근무하셨던 배경남 주임님 맞으시죠? 반갑습니다. 잘 지내시죠? 편의점 하신다고 들었는데 준비는 잘되어 가시나요?

배경남 네, 잘 지내고 있습니다. 편의점은 지난달에 오픈했어요. 손님이 꽤 많아서 아르바이트생을 뽑아야 하는데 조언이 필요해서요.

노 과장 네, 뭐든 물어보세요.

배경남 이번에 아르바이트생 근로계약서를 처음 작성해보는데 혹시 어떤 항목이 들어가야 할까요? 빠뜨리는 항목이 있을 경우 처벌받는다고 하더라고요.

노과장 그런 걱정은 안 하셔도 돼요. 정부에서 제공하는 표준계약서 양식이 있는데, 혹시 비슷한 양식을 사용하신다고 하더라도 임금 구성 항목, 계산 방법, 지급 방법 및 소정근로시간, 휴일, 연차휴가가 명시되어 있는지 다시 확인해보시고 계약서를 작성하시면 됩니다. 혹시 더 궁금한 점 있으면 연락주세요.

배경남 표준근로계약서가 있군요. 말씀 고맙습니다.

관련 법률
「근로기준법」 제17조 (근로조건의 명시)

사용자는 근로계약을 체결할 때에 근로자에게 다음 각호의 사항을 명시하여야 한다. 근로계약 체결 후 다음 각호의 사항을 변경하는 경우에도 또한 같다.

1. 임금
2. 소정근로시간
3. 휴일
4. 유급휴가
5. 그 밖에 대통령령으로 정하는 근로조건

근로조건 명시와 교부

김남두 노 과장님, 국내영업팀 김남두 팀장입니다.

노 과장 김 팀장님, 안녕하십니까? 무슨 일이신가요?

김남두 다름이 아니라 이번에 입사한 저희 부서 신입사원 기숙사와 관련해 문의드릴 게 있어서요.

노 과장 네, 말씀하세요. 기숙사에 무슨 일 있나요?

김남두 신입사원 교육 때 기숙사 규칙 사항이 명시된 자료는 보여주셨다고 들었는데 직원들에게 교부되지는 않은 것 같더라고요.

(노과장) 근무 장소와 업무, 기숙사 규정은 변동성이 있는 사항이라 서면으로 명시된 자료를 확인시켜줄 뿐 교부하지는 않고 있어요. 교부할 의무는 없지만 필요하다면 자료를 보내드리도록 하겠습니다.

(김남두) 그럼 자료를 보내주시겠어요? 감사합니다.

관련 법률
「근로기준법」 시행령 제8조(명시하여야 할 근로조건)

"대통령령으로 정하는 근로조건"이란 다음 각호의 사항을 말한다.
1. 취업의 장소와 종사하여야 할 업무에 관한 사항
2. 동법에서 정한 취업규칙의 작성·신고 대상이 되는 사항
3. 사업장의 부속 기숙사에 근로자를 기숙하게 하는 경우에는 기숙사 규칙에서 정한 사항

chapter 3

급여

경제학에서는 상품 생산과 서비스의 가치가 노동량 또는 노동시간에 의해 결정된다고 설명한다. 근로자는 사용자에게 노동을 제공하고 그 대가로 임금을 받는다. 임금 수준은 기술과 기능의 정도, 노동의 강도와 안전 여부에 따라 결정된다. 같은 시간이라도 노동을 제공하는 자가 어느 정도의 전문성을 가졌는지, 사업장이 어떤 환경에 있는지에 따라 임금이 각각 다르다. 학력이 높거나 기술력이 탁월하거나 심지어 다른 근로자와 차별화되는 역량을 갖추고 있을 때 만족스러운 임금을 받는다는 것이다.

최저임금은 급격한 속도로 올라가 새로 입사한 근로자는 최저임금 이상의 임금을 받는다. 매년 신입사원들의 초임은 올라가는 반면 기존 근로자들은 동결 또는 최소한의 인상에 그친다. 막대한 인력을 동원할 수 있는 강성노조가 있는 대기업은 다를지 몰라도 우리나라 산업을 전반적으로 짊어지고 있는 기업들 대부분이 어려운 경제 상황에서 인건비와 전쟁하고 있다. 앞서 말한 만족스러운 임금을 받는 근로자를 찾아보기 힘들다는 것이다.

현장에서 땀 흘리며 생산하는 근로자들, 특히 시간제 노동을 하는 사람들에게 잔업은 일종의 보너스라고 할 수 있다. 같은 시간을 일하면서 1.5배 더 벌 수 있기 때문이다. 사실 잔업수당이 없으면 안정적인 생활을 영위할 수 없다고 말하는 근로자들이 많다. 최저 생활비도 벌 수 없는 근로자가 아직도 많다.

고용노동부가 매년 명목임금과 물가상승률에 대한 전망이 없어 당해 연도의 실질임금 추이를 전망하기 어렵다고 하는 것은 임금 증가율이 물가상승률을 따라잡지 못해 실제 임금 가치가 낮아졌다는 의미다. 다시 말해 월급이 올라도 물가가 더 많이 오르니 결과적으로 기계 살림이 팍팍해진다는 것이다.

조선소에서 근무하는 노동자들이 강도 높은 근로를 하면서도 살기 힘들다고 느끼는 이유는 소득이 너무 낮기 때문이다. 소득 인상을 통해 체감물가를 낮출 수 있는데, 최저임금 인상을 꺼내면 한국경영자총협회와 학자들은 소상공인과 중소기업의 경영 부담을 내세운다. 신문 1면을 장식하는 '최저임금 인상'이 과연 근로자의 삶을 나아지게 하는지부터 짚어봐야 한다. 노동의 가치는 절대 훼손되어서는 안 된다. 최저임금을 인상한다고 노동의 가치가 상승하고 그들의 삶이 행복해진다는 단순한 논리에 매몰된 사람들의 시야가 넓어지길 바랄 뿐이다.

단시간 근로자의
주휴수당 계산 방식

무주임 노 과장님, 우리 부서에서 아르바이트생 뽑은 거 아시죠?

노과장 알고 있어요. 이번에 부품 창고 재고 정리 때문에 아르바이트생을 고용한다고 들었어요. 모두 대학생들이죠?

무주임 그런데 지금 엄청 골치 아픈 일이 생겼어요.

노과장 근태로 말썽을 부리나요?

무주임 아니요. 출결도 좋고 일은 정말 똑 부러지게 열심히 합니다. 똑똑한 친구들이라서 그런지 개수 파악도 정확하고 일지 작성도 꼼꼼히 잘하고요.

(노 과장) 일 잘하면 된 거 아니에요? 또 뭐가 문제죠?

무 주임 아르바이트생 A는 1일 8시간 주 3일 근무, B는 1일 8시간 주 2일 근무하는 것으로 근로계약을 체결했거든요. 어제가 월급날이라 주휴수당을 포함해서 지급했는데 주휴수당이 너무 적게 지급된 거 아니냐고 노동부에 고발하겠다는 거예요.

(노 과장) 주 15시간 이상 근무하고 결근 없이 만근했으면 주휴수당을 지급하는 것이 맞아요. 하지만 주 24시간 근로자는 주 40시간 대비 근로시간 비율이 60%밖에 되지 않으니 4.8시간만 주휴수당을 지급하면 되고, 주 16시간 근로자는 3.2시간만 지급하면 됩니다.

관련 법률
「근로기준법」 제18조(단시간 근로자의 근로조건)
....
단시간 근로자의 근로조건은 그 사업장의 같은 종류의 업무에 종사하는 통상근로자의 근로시간을 기준으로 산정한 비율에 따라 결정되어야 한다.

자발적인 조기출근이
연장근로?

무주임 노 과장님! 검수과 직원 몇 명이 회사에 이의를 제기했다는 얘기 들으셨나요?

노과장 처음 들었어요. 무슨 일인데요?

무주임 검수과 직원들이 연장근로를 했는데, 근태 담당자가 시간외수당을 미지급해서 문제가 되었다네요.

노과장 그건 임금 체불이네요. 문제가 커지겠는데요?

무주임 검수과 직원들이 지난달부터 자발적으로 1시간 일찍 출근해서 업무 준비하고 퇴근 시간까지 열심히 일했다고 하는데 근태 담당자는 조기출근을 연장근로로 인정하지 않겠다고 했나 봐요.

[노 과장]　자발적인 조기출근 문제였군요. 제가 봤을 때는 시간외수당을 미지급해도 위법은 아닙니다. 정시 출근이 시업에 지장을 준다거나 사업주가 시업 시간을 조정하지 않았는데도 자발적인 조기출근을 근로시간으로 인정해서 시간외수당을 지급하라는 것은 억지스럽다고 해도 과언이 아닙니다.

> 관련 법률
> ### 근기 01254-13305, 1988.8.29
> ....
> 시업 시간은 사업주가 시업 시간을 정하여 시행하는 시각부터가 근로시간이 되는 것임. 다만, 시업 시간 이전에 조기출근 하도록 하여 시업에 지장이 없도록 하는 것을 근로시간으로 인정하여 임금이 지급되어야 할 것인가 여부는 조기출근을 하지 않을 경우 임금을 감액하거나 복무 위반으로 제재를 가하는 권리 의무 관계라면 근로시간에 해당될 것이나 그렇지 않다면 근로시간에 해당되지 않음.

일용직 근로자의
주휴수당 지급

무주임 노 과장님, 우리 부서의 음 대리 아시죠?

노과장 음기식 대리 말이죠? 잘 알죠. 피부질환 때문에 고생이 많다던데.

무주임 음 대리가 며칠째 휴가를 사용하고 있는데, 처음에는 하루 휴가인 줄 알았는데 계속 연장해서 신청하네요.

노과장 음 대리의 부재로 일용직 근로자가 투입되었죠? 며칠째 근무 중인가요?

무주임 음 대리가 하루 휴가인 줄 알고 당일 일용직 근로자를 채용했는데 벌써 5일째 일하고 있어요. 일당은 매일 주고 있는데 주휴수당은 지급할 필요가 없지요?

(노과장) 아닙니다. 일용직 근로자의 경우 계속 근로가 이루어졌다면 소정근로일수 대신 실제 근로일수를 기준으로 5일을 만근했으니 주휴일을 부여해야 해요. 주휴수당이 발생한다는 말입니다.

관련 법률

근기 68027-414, 1997.4.2

「근로기준법」상 주휴일은 1주간의 소정근로일수를 개근한 자에게 주도록 되어 있으므로 근로계약이 1일 단위로 체결되어 1주간의 소정근로일수를 산정할 수 없는 일용근로자에게는 원칙적으로 주휴일을 부여하지 않을 수 있다. 그러나 주휴일의 부여 목적이 1주간의 근로로 인해서 축적된 근로자의 피로를 풀어주고 건강을 확보하게 하며, 여가의 이용을 가능케 함으로써 사회적, 문화적 생활을 영위할 수 있도록 하는 데 있으므로, 일용근로자가 계속적으로 근로를 한다면 이때는 소정근로일수 대신 실제 근로일수를 기준으로 해서 1주일에 5일(6일)을 개근하였으면 주휴일을 부여해야 한다. 한편, 일용근로자의 경우 주휴수당을 포함하여 임금을 지급받기로 사전에 약정하지 않는 한, 주휴수당은 임금과 별도로 지급되는 것이므로, 주휴일이 부여된 일용근로자에게는 임금과는 별도로 주휴수당을 지급해야 한다.

미지급된 임금의
지연이자 지급 대상자

근로자 대표 이 팀장님 계신가요?

이제철 근로자 대표님께서 무슨 일이신가요?

근로자 대표 이번에 임금이 왜 하루 늦게 입금됐는지 설명 부탁합니다.

이제철 시민은행 계좌를 이용하는 직원들이 하루 늦게 입금됐고, 나머지 직원들은 전원 급여일에 입금이 됐어요. 시민은행이 이번에 파업 때문에 업무가 마비되었다고 하네요.

근로자 대표 시민은행이 파업을 예고했고 기사까지 났는데 그 정도는 회사에서 미리 대비했어야 하는 거 아닌가요?

(이제철) 저희 불찰인 것은 맞습니다. 다음번에는 이런 일 없도록 주의하겠습니다. 직원들이 감정을 잘 추스를 수 있도록 잘 설명해주시면 감사하겠습니다. 다시 한 번 부탁드립니다.

(근로자 대표) 감정 추스를 상황이 아니에요. 미지급된 사유를 공고해주시고 지연이자 지급도 검토 바랍니다.

(이제철) 임금지불 지연에 따른 이자는 사망 또는 퇴직으로 근로관계가 종료된 근로자만 대상이 됩니다. 재직자는 반드시 지급해야 할 대상이 아닙니다.

관련 법률
근로조건지도과 1863, 2008. 6. 30

지연이자는 임금과 퇴직급여 일시금에 한정하여 지급되며, 재직자에게는 적용 안 됨.

퇴직자의 마지막 주 주휴수당
발생 여부

무주임 노 과장님, 저 좀 도와주세요.

노과장 무 주임님, 무슨 문제라도 있나요?

무주임 우리 부서 아르바이트생이 며칠 전에 근로계약 기간이 만료되어서 임금을 꼼꼼히 계산 후 지급했는데 금액이 정확하지 않다며 자꾸 연락이 오네요.

노과장 어떤 점이 잘못된 것 같으신가요?

무주임 주휴수당요. 주휴수당 발생 요건이 다음 주(차주)에 근무가 예정되어있는 경우라고 들은 적이 있어서 퇴직하는 아르바이트생의 마지막 주 주휴수당은 지급하지 않았는데 이 부분이 문제가 된 걸까요?

(노과장) 퇴사 마지막 주이거나, 다음 주 전체를 휴무로 정하는 경우 주휴수당 발생을 인정하지 않았는데 최근 노동부의 행정해석 변경 지침이 시달되었어요. 소정근로일을 모두 개근하였다면 차주에 근무가 예정되어 있지 않더라도 주휴수당을 지급해야 해요. 아르바이트생의 주휴수당은 다시 산출해서 소급분을 지급해주세요.

(무주임) 주휴수당 발생 기준이 아르바이트생에게 유리한 쪽으로 변경되었군요.

관련 법률
고용노동부 임금근로시간과 1736(2021.8.4)

주휴수당 발생 요건으로 1주간의 소정근로일을 개근하고 아울러 1주를 초과하여(예 : 8일째) 근로가 예정되어 있는 경우 주휴수당을 발생시키는 것으로 해석하였으나, 1주간 근로관계가 존속되고 그 기간 동안 소정근로일에 개근하였다면 1주를 초과한 날(8일째)의 근로가 예정되어 있지 않더라도 주휴수당이 발생하는 것으로 행정해석을 변경한다.

가족수당의 통상임금 여부

무주임　노 과장님, 이번에 김순산 대리가 출산했다는데 그럼 수당 1만원이 인상되는 건가요?

노과장　그렇죠. 정확히 말씀드리면 가족수당이 1만 원 인상됩니다.

무주임　한 명 더 출산하면 1만 원이 또 추가되는 거지요?

노과장　맞아요. 부양가족 1명당 1만 원이 발생한다고 보시면 됩니다. 아들인가요, 딸인가요?

무주임　아들이래요. 우량아라더라고요. 가족수당이 올라가면 시간외수당도 올라가겠네요?

노 과장 아뇨. 가족수당은 시간외수당 단가를 결정하는 통상임금으로 보지 않아요. 부양가족 인원수에 따라 변동되는 '일률성이 배제된 임금'이며, '소정근로의 대가'라고 해석할 수 없거든요.

무주임 아, 통상임금으로 볼 수 없군요.

관련 법률

대판 2003. 10. 9, 2003다30777

회사가 부양가족이 있는 경우에는 4인을 초과하지 않는 범위 내에서 부양가족 1인당 금 1만 원씩 가족수당을 지급하는 이 사건에 있어서 가족수당은 근로의 양이나 질에 무관한 요인에 따라 근로자의 일부에 대하여 지급되는 것으로서 통상임금의 범위에 포함시킬 수 없다.

단시간 근로자의
초과근로 산정 방법

노 과장   무 주임님! 오늘 퇴근하고 뭐 하세요?

무 주임   왜요? 치킨에 맥주라도 한잔하실래요?

노 과장   지난번에 삼겹살 사주셨으니 저도 한번 사드려야죠. 일찍 퇴근
하실 건가요?

무 주임   마음만 감사히 받을게요. 오늘 우리 부서 대부분 잔업이 있어요.
단시간 근로자들도 연장근로를 시키려면 동의를 받아야 되죠?

노 과장   당연히 동의를 받아야 하는데, 근로계약 체결할 때 이미 동의받
았으니 큰 문제는 없어요. 연장근로가 꼭 필요한 상황이 발생하면 잘 설명

하고 근무시키면 됩니다.

(무주임) 근태 시스템에는 어떻게 등록하나요? 하루 8시간 초과 연장근로
만 가산수당이 발생하도록 하면 되죠?

(노과장) 아닙니다. 주임님 부서의 단시간 근로자들 모두 하루 소정근로
시간이 6시간이잖아요. 소정근로시간이 넘는 근로에 대해서는 전부 가산
수당이 지급되도록 시스템에 등록해주셔야 해요.

관련 법률
**「기간제 및 단시간 근로자 보호 등에 관한 법률」 제6호제6조
(단시간 근로자의 초과근로 제한)**

· ·

① 사용자는 단시간 근로자에 대하여 「근로기준법」에서 정한 소정근로시간
을 초과하여 근로하게 하는 경우에는 당해 근로자의 동의를 얻어야 한다.
② 단시간 근로자는 사용자가 제1항의 규정에 따른 동의를 얻지 아니하고
초과근로를 하게 하는 경우에는 이를 거부할 수 있다.
③ 사용자는 제1항에 따른 초과근로에 대하여 통상임금의 100분의 50 이상
을 가산하여 지급하여야 한다.

선택적 복지 포인트는
통상임금일까?

근로자 대표 생산직 노조 근로자 대표입니다. 노 과장님 계신가요?

노 과장 네, 접니다. 대표님, 무슨 일이신가요?

근로자 대표 노 과장님께서 직원 임금을 담당하시죠? 그래서 연락드렸습니다. 상반기, 하반기에 10만 원씩 넣어주는 복지 포인트에 대해 직원들 의견이 많아서요.

노 과장 선택적 복지제도로 지급하는 복지 포인트 말씀하시는 거죠?

근로자 대표 네. 복지 포인트도 통상임금에 포함해서 시간외수당이나 미사용 연차수당 등에 반영해야 하는 것 아니냐는 말이 있어서요. 가능한가요?

[노과장] 복지 포인트는 「근로기준법」에서 말하는 임금에 해당하지 않습니다. 통상임금에도 해당하지 않는다는 뜻이에요. 두풍그룹 계열사 중에도 복지 포인트를 통상임금에 반영하는 회사는 없어요.

[근로자대표] 흠…… 저도 한번 알아보도록 하겠습니다.

관련 법률
대판 2019. 9. 9, 2017다 230078

사용자가 여러 가지 복지 항목 중에서 근로자 자신의 선호와 필요에 따라 자율적으로 선택하여 복지 혜택을 받는 선택적 복지제도를 시행하면서, 직원 전용 온라인 쇼핑 사이트에서 물품을 구매하는 방식 등으로 사용할 수 있는 복지 포인트를 단체협약·취업규칙 등에 근거하여 근로자들에게 계속적·정기적으로 배정한 경우, 이러한 복지 포인트는 「근로기준법」에서 말하는 임금에 해당하지 않고, 그 결과 통상임금에도 해당하지 않는다.

대기발령 시 임금 지급

노과장 최 대리님! 신문을 뚫어져라 쳐다보시는데 무슨 흥미로운 일이라도 있어요?

최용기 임금 체불 다툼은 정말 끊이질 않네요.

노과장 요즘 같은 불경기에는 더욱 많을 겁니다. 제가 투자한 주식 종목이 대변해주고 있는 것 같아서 더욱 슬프네요.

최용기 기사를 보니 대기발령 기간 동안 근로를 하지 않았다고 해서 임금을 지급하지 않아 체불 다툼이 생길 수 있네요?

노과장 네, 대기발령도 2가지로 나눌 수 있어요. 사용자 측의 책임으로 인한 휴업성 대기발령과 직원의 인사 목적, 즉 징계 조치로 인한 대기발령이죠.

[최용기] 휴업성 대기발령이면 평균임금의 70%를 지급하거나 평균임금의 70%가 통상임금을 초과하는 경우 통상임금을 지급해야겠네요. 징계목적의 대기발령은 직무 수행 관련 수당을 제외한 기본임금을 지급해야 하고요.

[노 과장] 맞습니다. 징계 목적 대기발령일 경우에는 휴업성 대기발령 이상의 임금 지급이 바람직합니다. 징계 확정 전에 임금을 공제하고 다시 징계위원회의 결정으로 징계가 확정될 경우 이중 징계 문제가 발생할 수 있다는 점도 참고하시면 됩니다.

관련 법률
고용노동부 근로기준과 4533, 2005. 8. 31.

잉여 인력의 조정 또는 해고 회피의 방법으로 일부 근로자에게 대기발령을 명하기로 하고, 그 대상자 선정 기준을 업무 성과, 징계를 받은 전력 등으로 하여 결과적으로 징계를 받은 사람이 다시 대기발령 조치가 된 경우, 그 대기발령은 징계로서의 조치가 아니라 고용 조정 또는 해고 회피의 방법으로 이루어진 것이라 할 수 있으므로 동법 동조의 휴업으로 볼 수 있을 것임. 그러나 업무 부진에 대한 징계 조치로서 이루어진 것이라면 동법 동조의 휴업으로 보기는 어려울 것이라 사료됨.

감봉의 한도

최용기 노 과장님! 우리 회사의 감봉 기준이 어떻게 되나요?

노과장 취업규칙에 자세히 나와 있습니다. 징계양정 항목에 따라 조금씩 차이는 있지만 1~3개월 동안 기본급에서 2~10%를 차감하고 있어요.

최용기 감봉도 「근로기준법」상 한도가 정해져 있다고 들었는데 맞나요?

노과장 당연하죠. 취업규칙에 어긋나는 비행을 저질렀다고 해서 최저생계비 이하로 주면 안 된다는 취지로 한도 기준을 두고 있어요. 예를 들어 하루 평균임금이 10만 원이고 감봉 3개월에 해당한다면 1회의 액수 10만 원의 반액인 5만 원을 초과하지 않는 범위 내에서 3개월간 감액할 수 있습니다. 또한 3개월간 감액 총액이 1임금지급기(1개월) 임금 총액의 10%를 초과해서는 안 된다는 이중적 제한을 두고 있어요.

최용기 감봉에도 한도가 있군요.

관련 법률
「근로기준법」 제95조(제재 규정의 제한)

제95조(제재 규정의 제한) 취업규칙에서 근로자에 대하여 감급(減給)의 제재를 정할 경우에 그 감액은 1회의 금액이 평균임금의 1일분의 2분의 1을, 총액이 1임금지급기의 임금 총액의 10분의 1을 초과하지 못한다.

임금 지급 시
통화 지급의 예외

무주임 노 과장님도 두풍전자 주식 좀 매수했어요?

노 과장 총알이 없어서 못 했어요. 정말 어마어마하게 올라가네요.

무주임 저는 벌써 수익이 10%가 넘었어요. 용돈 많이 벌었죠. 기분 좋은
데요.

노 과장 두풍전자는 이번 달에 특별상여금도 나간다고 하더라고요.

무주임 반도체 호황기라는 말이 맞나 보네요.

노 과장 같은 그룹사로서 잘된 일이죠. 몇 년간 적자 상황을 이겨내려고

부단히 노력한 결과라고 봐요.

무주임 그나저나 특별상여금을 현금이 아니라 두풍전자 주식으로 지급한다던데 법에 위반되는 거 아닌가요? 임금은 통화로 지급되는 게 원칙이라면서요?

노과장 임금은 통화 지급의 원칙이 있어요. 하지만 단체협약에 현금 이외의 것도 지급 가능하다고 규정되어 있으면 주식으로 지급해도 위법은 아닙니다.

무주임 그렇군요. 우리 회사도 상품권으로 지급한 경우랑 같네요.

관련 법률
「근로기준법」 제43조[임금 지급]

임금은 통화(通貨)로 직접 근로자에게 그 전액을 지급하여야 한다. 다만, 법령 또는 단체협약에 특별한 규정이 있는 경우에는 임금의 일부를 공제하거나 통화 이외의 것으로 지급할 수 있다.

사용자 귀책사유로 인한 휴업

노 과장 진짜 이게 무슨 일일까요?

무 주임 다른 회사에서 알게 될까 봐 걱정이네요. 부끄러운 줄 알아야지. 우리 회사 수준이 이것밖에 안 된다니, 원.

노 과장 무 주임님, 이번 사고의 원인이 뭐라고 하던가요?

무 주임 태양열 발전기를 올리다가 4공장 지붕이 폭삭 내려앉은 게 말이 되나요? 공장 기둥 자체가 부실한 거였어요. 너무 무리하게 태양광에 투자한다 싶더니.

노 과장 그래도 4공장 직원 중에 다친 분들이 없어서 다행이에요. 복구하는 데 최소 4~6주는 걸린다고 들었어요.

(무주임) 회사 매출에 큰 지장이 생기겠어요. 그런데 그곳 직원들은 이제 어떡하죠? 출근은 하는 건가요? 회사에 출근해봤자 생산 라인 가동이 안 되잖아요.

(노 과장) 우선 복구될 때까지 대기발령이 날 거예요. 직원들에게는 휴업수당이 지급되고요.

(무주임) 대기발령일 경우 휴업수당을 받게 되는군요.

관련 법률
대판 2013. 10. 11, 2012다12870

사용자가 자신의 귀책사유에 해당하는 경영상의 필요에 따라 개별 근로자들에 대하여 대기발령을 하였다면 이는 「근로기준법」에서 정한 휴업을 실시한 경우에 해당하므로 사용자는 그 근로자들에게 휴업수당을 지급할 의무가 있다.

최저임금 미달 부분 보전 약정

이제철 최 대리님, 최저임금위원회에서 내년도 최저임금 결정한 기사 확인했나요?

최용기 네. 며칠 전부터 언제 결정이 나나 했는데 오늘 새벽에 결정 났더라고요.

이제철 우리 회사도 재무 상황이 점점 안 좋아지고 있는데 최저임금 인상이 좋은 소식만은 아닌 것 같네요.

최용기 우리나라 최저임금 상승률이 OECD 국가 중 높은 순위에 속한다고 하네요.

이제철 내년에 혹시 최저임금에 저촉되는 직원들이 있던가요?

최용기 현재 기준으로 운송팀 직원 20명이 저촉되는 걸로 파악됐습니다.

이제철 20명이나요?

최용기 네. 그래서 생각해봤는데, 운송팀에만 지급되는 차량유지비를 최저임금에 포함하는 것은 어떨까요?

이제철 절대 안 됩니다. 최저임금에 산입되지 않는 임금을 최저임금에 포함하는 건 위법이에요.

관련 법률
대판 2007.1.11, 2006다64245
···
근로자와 사용자가 최저임금의 적용을 위한 임금에 산입되지 않는 임금을 최저임금의 적용을 위한 임금의 범위에 산입하여 최저임금에 미달하는 부분을 보전하기로 약정한 경우 그 임금 약정은 「최저임금법」에서 정한 최저임금의 효력에 반하여 무효이다.

체당금이란?

최용기　노 과장님! 진짜 우리나라 경제 상황이 심각한가 봐요.

노과장　갑자기 무슨 말이에요?

최용기　중소기업 연쇄 부도가 역대 최고라고 하네요. 우리 회사도 어려운데 부도나지 않을까 걱정입니다.

노과장　늘 위기 의식을 갖고 본업에 힘쓰면 좋은 결과가 나올 겁니다.

최용기　회사의 부도로 직원에게 급여를 줄 수 없을 때 고용노동부 장관이 대신 지급하는 경우도 있나 보네요?

(노과장) 그것을 체당금이라고 합니다. 회사의 도산으로 인해 임금을 받지 못하고 퇴사한 근로자에게 국가가 사업주 대신 임금채권보장기금을 통해 지급하고 있어요.

(최용기) 퇴직금도 지급하나요?

(노과장) 물론이지요. 최종 3개월분의 임금과 퇴직급여뿐만 아니라 휴업수당도 지급 항목에 포함되어 있습니다.

관련 법률

「임금채권보장법」 제7조(체불 임금 등의 지급)

고용노동부 장관이 사업주를 대신하여 지급하는 임금 등(이하 '체당금(替當金)'이라 한다)의 범위는 다음 각호와 같다.
1. 임금 및 최종 3년간의 퇴직급여 등
2. 휴업수당(최종 3개월분으로 한정한다)
3. 출산 전후 휴가기간 중 급여(최종 3개월분으로 한정한다)

교대 근무자의 유급휴일

최용기   노 과장님!「근로기준법」제45조에 나오는 '유급휴일'이 '주휴일' 맞나요?

노 과장   45조라면 "사용자는 근로자에 대하여 일주일에 평균 1회 이상의 유급휴일을 주어야 한다" 맞죠?

최용기   맞아요, 정확합니다. 어떻게 완벽히 외우고 계시네요?

노 과장 「근로기준법」의 중요 조항은 여러 번 봐서 저절로 암기되었어요. 최 대리님도《노동법전》을 베개로만 쓰지 말고 틈나는 대로 꾸준히 들여다보세요. '유급휴일'은 우리가 통상적으로 사용하는 '주휴일'로 보는 것이 맞습니다.

최용기 혹시 교대 근무자도 적용되나요?

노 과장 물론이죠. 교대 근무자도 동일하게 적용해야 합니다.

관련 법률

대판 1991.7.26, 90다카11636

"사용자는 근로자에 대하여 1주일에 평균 1회 이상의 유급휴일을 주어야
한다"라는 「근로기준법」 제45조는 매일 연속적으로 근로를 제공하는 경우
에 한하지 않고, 2일 근무 1일 휴무(비번)를 되풀이하는 이른바 교대제 근무
에도 적용된다.

연장근로 합의는
꼭 그때그때 해야 할까?

무주임   노 과장님, 요즘 일이 많아서 정말 힘드네요. 회사 그만 다니고 작은 가게라도 차려서 편하게 살고 싶은 생각뿐이에요.

노과장   무슨 일 있으세요? 제가 도와드릴 수 있으면 좋겠네요.

무주임   우리 사업장에서 연장근로가 발생할 때마다 매번 직원 개개인별로 합의를 거쳐서 진행해야 하나요? 한 명씩 동의받으려고 면담하기가 너무 힘드네요.

노과장   꼭 그렇게 안 하셔도 돼요. 생산팀에 재직 중인 분들 모두 최초 근로계약서를 체결할 때 연장근로가 발생할 수 있는 것으로 이미 합의를 했거든요.

무주임 그럼 연장근로가 발생할 때마다 합의할 필요 없는 거네요. 괜히 시간 낭비만 했네요.

노 과장 하하, 그런 셈이네요.

관련 법률

대판 2000.6.23, 98다54960

....

개별 근로자와의 연장근로에 관한 합의는 연장근로를 할 때마다 그때그때 할 필요는 없고 근로계약 등으로 미리 이를 약정하는 것도 가능하다.

위약 예정의 효력 여부

김솔 팀장님, 안녕하세요. 김솔입니다. 혹시 통화 괜찮으신가요?

이제철 김솔 씨 오랜만입니다. 바로 옆 부서인데도 잘 마주치지 못했네요. 그나저나 무슨 일이신지요?

김솔 개인적으로 여쭤보고 싶은 게 있어서요. 저희 큰오빠가 작은 경비회사에 취업했는데 근로계약서를 보니 연수 종료 후 의무복무 기간을 근무하지 않으면 연수 기간 중 받은 임금을 반환하기로 한다는 조항이 적혀 있다더라고요. 예전에 비슷한 사례가 불법이라고 노 과장님께 들은 적이 있어서요.

이제철 아니 요즘 세상에도 그런 회사가 있나요? 퇴직의 자유와 직장 선

100

택의 자유를 보장받고 근로계약의 해지와 같은 불리한 상황에서 근로자를 보호하려고 「근로기준법」이 있는 것인데, 근로계약서에 의무복무 위반으로 임금을 반환한다는 조항 따위를 넣다니 정말 큰일 날 회사네요.

김솔　그럼 임금을 반환하기로 한 약정은 무효인 거죠?

이제철　당연히 무효죠.

관련 법률

「근로기준법」 제20조(위약 예정의 금지)

사용자는 근로계약 불이행에 대한 위약금 또는 손해배상액을 예정하는 계약을 체결하지 못한다.

chapter 4

연차

영국의 수학자이자 철학자 버트런드 러셀은 "근로가 미덕이라는 믿음이 현대사회에 막대한 해를 끼치고 있다. 행복과 번영에 도달하려면 조직적으로 일을 줄여가는 수밖에 없으며 여가는 문명에 필수적이다"라고 말했다. 현대의 기술 덕분에 자신과 가족을 부양하는 데 필요한 것보다 훨씬 많은 것을 생산할 수 있지만 우리의 사고방식은 기술 발전의 속도를 따라가지 못하고 있다.

자동차 왕이라고 불리는 헨리 포드는 1926년 주 5일 8시간 근무제를 도입했다. 그는 사람들이 휴식 없이 근로하다 보면 돈을 쓸 시간도 없어서 경제 성장이 한계에 부딪힌다고 주장하면서 "여가는 성장하는 소비시장의 필수 요소이며 자동차를 포함한 많은 소비재를 구입하고 쓰려면 충분한 휴일을 보장해야 한다"고 말했다. 더 많은 자유시간이 경제 부흥으로 이어질 것을 기대했던 것이다.

또한 근로자들이 적게 일할수록 일을 더 잘할 수 있다고 판단했다.

혁신과 더 나은 방법을 찾아내는 개선 활동으로 이어지기 때문이다. 근로시간이 길면 수동적으로 일하기 쉬운데 근로시간을 줄이면 어떻게 일하는 것이 효율적이고 생산성을 높일 수 있을지 아이디어를 내기 시작한다.

헨리 포드는 휴식을 충분히 취한 근로자는 근무시간에 능률을 올리고 비용이 많이 드는 실수를 덜 하며 5일간의 노동으로 6일치의 생산량을 뽑아낸다는 것을 데이터로 확인했다. 또한 최고의 근무조건을 제공하면 최고의 인재가 입사한다고 믿고 당시 표준임금보다 높은 임금을 지급하기로 약속했다. 그러자 숙련도가 높고 기술력이 탁월한 근로자들이 포드 공장으로 옮기기 시작했다.

기업을 지속적으로 발전시키고자 하는 경영자들은 여가 문화를 조성하는 선구자가 되어야 한다. 기업은 휴가제도를 구축하면 끝이라는 사고방식에서 벗어나야 한다. 근로자들이 휴가를 신청하는 데 눈치를 보거나 여가를 어떻게 보내야 할지 모른다면 원인부터 찾아서 제거해야 한다.

여가의 참의미와 중요성을 제대로 안다면 근로자인 나부터 인식을 바꾸자. 나에게 쉴 겨를을 주자. 지긋지긋하고 재미없는 직장 생활을 하지 않기 위해 나에게 휴가를 주자. 휴가 동안 직장일을 생각하지 말고 자신과 가족을 위해 보내자. 그리고 나서 일터로 돌아가면 훨씬 능률이 올라갈 것이다.

연차휴가의 사용 시기 지정

무주임 노 과장님, 이번에 새로 입사한 백고동 사원 아시죠?

노과장 잘 알죠. 목소리가 얼마나 크고 우렁찬지 씩씩해서 눈에 띄던걸요. 적응도 잘하고 있죠?

무주임 적응은 잘하는 것 같은데, 어려서 그런지 아직 가르칠 게 많네요.

노과장 무슨 일이라도 있었나요?

무주임 이번에 정확히 한 달 만근을 해서 월차휴가가 1개 발생했거든요. 그런데 백고동 사원이 "다음 주 중에 연차휴가를 쓰겠습니다"라고 하는 거 아니겠어요?

(노 과장) 요일을 특정하지 않는 경우인가요?

(무 주임) 그런 셈이죠.

(노 과장) 연차휴가는 아무리 근로자가 원하는 시기에 쓸 수 있다 하더라도 구체적인 시기를 지정해야 유효합니다. 규정상 며칠 전에 신청하고 사용자의 승인을 받아야 한다고 되어 있으면 그 절차가 비합리적이지 않은 이상 그에 따라야 해요. 백고동 사원이 구체적인 시기 없이 연차를 사용한다면 무단결근에 해당하고요.

(무 주임) 알았어요. 제가 잘 가르쳐볼게요.

관련 법률
대판 96다4930, 1997.3.25.
....
연차휴가권이 「근로기준법」상의 성립 요건을 충족하는 경우에는 당연히 발생하는 것이라고 하여도 이와 같이 발생한 휴가권을 구체화하려면 근로자가 자신에게 맡겨진 시기 지정권을 행사하여 어떤 휴가를, 언제부터 언제까지 사용할 것인지에 관하여 특정하여야 할 것이고, 근로자가 이와 같은 특정을 하지 아니한 채 시기 지정을 하더라도 이는 적합한 시기 지정이라고 할 수 없어 그 효력이 발생할 수 없다.

사용자의 휴가 변경의 권리

무주임 노 과장님, 고객사에서 올해 최고 수량의 발주가 들어온 거 아시죠?

노과장 소식 들었어요. 회사로서는 아주 잘된 일이죠. 하지만 직원들 입장에서는 납기일 맞추려면 야근이 많아지겠죠?

무주임 야근은 이제 생활이 되었어요. 근데 사업장에 문제가 하나 생겼습니다.

노과장 어떤 문제인가요?

무주임 설비팀 직원 3명이 다음 주에 휴가를 낸다고 하는데, 이 시점에 설비 인원이 아무도 없으면 막대한 지장이 생길 것 같아요. 모두 휴가를 가버린 날 운전실에 에러라도 생기면 라인은 무조건 멈추거든요. 휴가 신청을 보류해달라고 부탁해보려고요.

노과장　연차휴가는 직원이 원할 때 쓸 수 있지만 항상 그런 건 아니에요. 사용자는 그 시기를 변경할 권리가 있죠. 사업장에 막대한 지장이 있을 경우에 그 권리를 행사할 수 있어요. 다만 인원이 부족하다는 이유로 휴가 자체를 부여하지 않는 것은 법 위반이니 주의하시면 됩니다.

관련 법률

「근로기준법」 제60조(연차유급휴가)

사용자는 연차유급휴가를 근로자가 청구한 시기에 주어야 하고, 그 기간에 대하여는 취업규칙 등에서 정하는 통상임금 또는 평균임금을 지급하여야 한다. 다만, 근로자가 청구한 시기에 휴가를 주는 것이 사업 운영에 막대한 지장이 있는 경우에는 그 시기를 변경할 수 있다.

지각 및 조퇴 시간 합산으로
연차 공제 가능?

노 과장 무 주임님, 부서 근태 관리는 잘하고 계시죠?

무 주임 걱정 마세요. 제 일은 똑 부러지게 하고 있답니다.

노 과장 출결 이상자가 있으면 반드시 저희 부서에 통보해주세요.

무 주임 박결근 대리는 오늘 또 지각했어요. 이번 달만 벌써 세 번째네요.

노 과장 결근이 잦으면 인사평가에 영향을 미치기도 하지만 인사위원회를 통해 징계 대상자가 될 수 있어요.

무 주임 그건 알고 있어요. 생산2팀 팀장님이 박 대리가 지각한 시간을 모아보니 월 8시간이라고 하더라고요. 연차휴가에서 강제로 공제해버린다고 하던데요?

[노 과장] 지각이나 조퇴가 많아 그 시간을 합산했을 때 8시간이 된다고 결근으로 보면 안 돼요. 8시간분의 임금은 공제할 수 있지만 연차휴가 1개를 쓴 것으로 간주하려면 근로자와 합의해야 합니다.

[무 주임] 아, 합의가 없으면 휴가 공제가 안 되는 거네요.

[노 과장] 물론이죠.

관련 법률

근기 1455-8372. 1970. 9. 8

....

(주휴일이나 연차휴가 부여 시) 조퇴·지각·외출 등이 있다 해도 만근으로 해석한다.

연차휴가 사용 촉진제

최용기 노 과장님! 직원들에게 미사용 연차휴가 사용을 촉진하는 안내문을 작성하고 있는데 확인 부탁드려도 될까요?

노과장 이거 보니까 조금 잘못된 게 있네요. 개인별로 사용하지 않은 휴가일수를 명시하지 않고 단지 사용을 촉진하는 문구만 있으면 안 됩니다.

최용기 그러면 개인별 미사용 휴가일수가 며칠인지도 넣을까요?

노과장 가장 중요한 부분을 빠뜨리고 단순히 휴가 사용 계획서만을 요구하는 것은 연차휴가 사용 촉진 방법이 잘못된 겁니다.

최용기 알겠습니다. 직원 개인별 미사용 휴가 일수를 알려주고 휴가 사용 계획서를 제출해달라고 하겠습니다.

관련 법률

「근로기준법」 제61조(연차유급휴가의 사용 촉진)

사용자가 유급휴가의 사용을 촉진하기 위하여 다음 각호의 조치를 하였음에도 불구하고 근로자가 휴가를 사용하지 아니하여 소멸된 경우에 사용자는 그 사용하지 아니한 휴가에 대하여 보상할 의무가 없고, 사용자의 귀책사유에 해당하지 아니하는 것으로 본다.

1. 기간이 끝나기 6개월 전을 기준으로 10일 이내에 사용자가 근로자별로 사용하지 아니한 휴가일수를 알려주고, 근로자가 그 사용 시기를 정하여 사용자에게 통보하도록 서면으로 촉구할 것.

2. 제1호에 따른 촉구에도 불구하고 근로자가 촉구를 받은 때부터 10일 이내에 사용하지 아니한 휴가의 전부 또는 일부의 사용 시기를 정하여 사용자에게 통보하지 아니하면 기간이 끝나기 2개월 전까지 사용자가 사용하지 아니한 휴가의 사용 시기를 정하여 근로자에게 서면으로 통보할 것.

휴가 신청일 파업 참여

무주임 다음 주 월요일에 연차휴가를 신청했는데 어떻게 할까요?

노과장 휴가 가시면 되죠.

무주임 다음 주 월요일은 파업이 예고된 날짜인데, 깜박하고 건강검진 예약을 해버렸거든요. 고민이네요.

노과장 그러네요. 노조에서 파업을 예고한 날짜잖아요?

무주임 아무래도 건강검진은 다음으로 미루고 저도 파업에 참여해야겠어요. 동료들이 한명 한명이 소중하다면서 꼭 참가해달라고 부탁하네요. 그런데 이미 신청한 휴가는 어떻게 되나요?

[노과장] 적법한 쟁의행위 기간에는 근로 제공 의무가 정지되는 날로 봅니다. 근로 제공 의무가 없는 날은 휴가 자체를 부여할 수 없어요. 공장장님께 휴가를 반려해달라고 부탁하셔야겠어요.

관련 법률

근로기준정책과 855, 2018.2.1

유급휴가를 부여하는 당일 파업이 시작되었고, 유급휴가를 가야 할 근로자가 파업에 참여하여 근로자에게 근로 제공 의무가 없게 되었다면 사용자로서는 휴가를 부여할 수 없는바, 그에 따른 임금 지급 의무 또한 면하게 됨이 타당하다고 사료됨.

정직 기간 출근일수 포함 여부

노과장 최 대리님, 뭐가 잘 안 풀리세요? 굉장히 고민이 많은 얼굴인데요?

최용기 네, 혼자 해결해보려고 노력 중이에요.

노과장 도움 필요하시면 부담 갖지 말고 말씀해보세요. 팀이라는 게 서로 돕고 배우고 가르쳐주면서 함께 일하는 것 아니겠어요.

최용기 연차 작업 중에 헷갈리는 부분이 있어서요. 현재 정직 처분을 받은 직원이 둘 있는데 정직 기간도 연간 소정근로일수에 포함되는 거죠?

노과장 당연하죠. 직원의 귀책사유로 인한 징계 기간은 소정근로일수에 포함됩니다.

최용기 80% 이상 출근했는지를 판단하는 출근일수에는 포함하는 건가요?

노과장 회사가 정직이라는 일방적 처분을 내렸고 직원은 근로 의무가 면제되어 그 기간은 노동을 제공하지 않기 때문에 소정근로일수에는 포함되나 연차 발생에 필요한 출근일수에는 포함하지 않아요. 그래서 결근과 같다고 보면 됩니다.

최용기 그렇군요. 알고 나니 속이 후련합니다.

관련 법률
대판 2008.10.09, 2008다41666

정직이나 직위 해제 등의 징계를 받은 근로자는 징계 기간 중 근로자의 신분을 보유하면서도 근로 의무가 면제되므로, 사용자는 취업규칙에서 근로자의 정직 또는 직위 해제 기간을 소정근로일수에 포함시키되 그 기간 중 근로 의무가 면제되었다는 점을 참작하여 연차유급휴가 부여에 필요한 출근일수에는 포함하지 않는 것으로 규정할 수 있고, 이러한 취업규칙의 규정이 근로자에게 불리한 것이라고 보기는 어렵다.

둘 이상 자녀를 임신한 여성의
유급 출산휴가

최용기   인사1부입니다.

한이룸   노 과장님, 저희 부서에 임신한 직원이 궁금한 게 있다기에 대신 여쭤보려고요.

최용기   저는 최용기 대리입니다. 노 과장님이 잠시 자리를 비우셨는데 무슨 일이신가요? 제가 아는 선까지는 대답해드릴 수 있어요.

한이룸   안녕하세요, 최 대리님. 임신 근로자가 출산전후휴가 90일을 쓰면 회사에서 60일은 유급 처리하는 걸로 알고 있거든요. 근데 저희 부서에 임신한 분은 쌍둥이인데 유급 기간이 동일한가요?

최용기 쌍둥이를 임신한 경우 출산전후휴가는 120일로 알고 있는데 유급 기간은…… 잘 모르겠는데 노 과장님 오시면 한번 여쭤볼게요. 아! 오셨네요. 노 과장님, 쌍둥이를 임신한 직원은 출산전후 유급휴가가 며칠인가요?

노 과장 쌍둥이일 경우 유급휴가는 75일입니다.

관련 법률
「근로기준법」 제74조(임산부의 보호)

임산부의 보호 규정에 따른 휴가 중 최초 60일(한 번에 둘 이상 자녀를 임신한 경우에는 75일)은 유급으로 한다.

chapter 5

근태

직장 내 HR 업무 중 '근태 관리'가 있다. HR 업무와 동떨어진 직군을 가진 사람들은 근태 관리라고 하면 "업무에 대한 근면, 성실, 태도 등을 관리하는 행위"라고 생각할 수 있지만 사실은 단순하다. 출퇴근 기록, 즉 출근과 결근을 관리하는 일이다. 하지만 엄밀히 말하면 근무 태도 등을 관리한다고 해도 틀린 말은 아니다.

근태 담당자는 기업의 운영제도 및 사내 규정, 더 나아가 「근로기준법」을 가장 잘 알고 있는 사람일 것이다. 그렇지 않다면 근태 관리부터 시작해 상위 인사 업무까지 혼선이 생길 가능성이 크다. 근태가 인사 운영 지침(제도), 임금 업무 등 모든 HR 업무의 기초 데이터로 활용되기 때문이다.

상당수 기업들은 디지털 시스템을 이용하고 있다. IT 시스템을 사용하는 비중이 높을수록 근로자 관리에서 감성적인 부분이 사라진다. 조직에서 감성은 크게 중요하지 않다고 생각할 수 있지만 사람들이 머리를 맞대고 땀 흘려가며 생산 활동을 하고 있는 일터에서 감성을 무시할 수는 없다. 공(公)적인 조직에서 사(私)적인 이야기를 주고받는 과정에서 서로 힘이 되고 위로가 되며 이것이 회사를 계속 다니고 싶은 동기부여가 되기도 한다.

근태 관리는 디지털 시스템과 사람의 감성이 조화를 이루어야 한다. 너무 한쪽으로만 치우치는 것이 아니라 융통성과 변별력을 갖춘 상태에서 조화를 이룰 때 더욱 인간미 넘치는 직장이 될 것이다. 하지만 실상 기업은 살얼음판 같은 인적 관리에 목을 매고 있다.

2017년 경찰서 청문감사실 담당자에게 근무 태만으로 인한 징계를 받은 한 경찰관이 "본래 목적이 아닌 근무 태도 감찰 목적으로 파출소 내 설치된 CCTV 영상을 사용한 건 인권침해"라며 진정을 제기하는 사건이 있었다. 국가인권위원회는 경찰관의 손을 들어주었다. 사유는 징계 절차를 위한 자료를 충분히 확보하고 있는 상황에서 CCTV 영상까지 확보할 필요는 없었다는 것이었다.

CCTV와 같은 디지털 기기로 수집한 정보를 진급 누락 등 근로자에게 불리한 처우에 활용하지 못하도록 하는 「근로기준법」 개정안이 발의돼야 한다는 주장도 나오고 있는 것이 현실이다.

2019년 구직 사이트의 설문조사에 따르면 전국 아르바이트생 2,975명 중 45.9%가 "CCTV를 통해 업무 지적을 받은 경험이 있다"고 답했다. CCTV를 통해서 근로자의 출퇴근 시간을 감시하고 일하는 모습을 일일이 지켜보는 사업주들이 적지 않다는 것이다. 직원 관리나 업무 효율성 증대 등 그럴 만한 이유가 있다 하더라도 도구를 사용하여 근로자를 감시하는 것은 엄연한 불법이다.

근로자를 감시하는 것이 2019년 7월 시행된 직장 내 괴롭힘과 다름없다는 의견도 있다. 직원의 행동거지를 하나하나 지켜보고 근태를 지적하거나 심지어 담배를 피우거나 화장실 가는 횟수까지 지적하는 사업주도 있다.

「근로기준법」은 사용자가 직장에서 우월적 지위 또는 관계를 이용해 업무상 적정 범위를 넘어 근로자에게 신체적 정신적 고통을 주거나 근무 환경을 악화하는 행위를 하지 못하도록 금하고 있다. 따라서 사업주는 근로자의 업무 태도를 지적하거나 징계를 내릴 요량으로 디지털 기기 영상을 근거로 내놓는 행위 자체를 버려야 한다. 이것은 「근로기준법」에 위배될 뿐만 아니라 인권침해에 해당할 수 있다.

사업주의 가장 큰 역할은 근로자가 생각하고 느끼기에 적절하고 쾌적한 작업 환경을 조성함으로써 생산성을 도모하는 것이다. 근로자를 감시하는 대상이 아니라 동일한 가치와 목표를 이루기 위해 협업해야 하는 대상으로 보아야 한다.

근로시간 단축 허용 대상자

노과장 무 주임님! 요즘 점심시간에 책을 보는 분들이 굉장히 많아졌던데요?

무주임 저는 책이랑 거리가 먼데 요즘 선배님들이 특히 공부를 많이 하시네요.

노과장 육대근 계장님도 출퇴근에 항상 두꺼운 책을 들고 다니시더라고요.

무주임 육 계장님도 이제 슬슬 은퇴 준비를 하시더라고요.

노과장 정년퇴직이 다가오니 걱정이 많으시겠어요. 어떤 준비를 한다고 하시던가요?

(무주임)　요즘은 젊은 친구들도 취업난에 시달리잖아요. 직업상담사라고 구직을 원하는 청년들에게 상담을 해주는 일인 것 같던데 자격증이 필요한가 봐요. 퇴근 후 짧은 시간 공부해서는 합격하기 어렵다네요.

(노과장)　근로시간 단축을 신청하셔서 퇴근 후 공부에 집중하시면 되겠네요. 고용 형태와는 무관하게 6개월 이상 근속 등 법정 요건을 충족하는 모든 근로자들이 신청할 수 있어요. 근로자가 가족 돌봄, 본인 건강, 은퇴 준비, 학업을 위해 근로시간 단축을 신청하면 사업주는 예외 사유가 없는 한 허용해야 하거든요.

관련 법률
「남녀고용평등과 일·가정 양립 지원에 관한 법률」 제22조의3
(가족 돌봄 등을 위한 근로시간 단축)

사업주는 근로자가 다음 각호의 어느 하나에 해당하는 사유로 근로시간의 단축을 허용하여야 한다. 다만, 대체인력 채용이 불가능한 경우, 정상적인 사업 운영에 중대한 지장을 초래하는 경우 등 대통령령으로 정하는 경우에는 그러하지 아니한다.
1. 근로자가 가족의 질병, 사고, 노령으로 인하여 그 가족을 돌보기 위한 경우
2. 근로자 자신의 질병이나 사고로 인한 부상 등의 사유로 자신의 건강을 돌보기 위한 경우
3. 55세 이상의 근로자가 은퇴를 준비하기 위한 경우
4. 근로자의 학업을 위한 경우

주 52시간 기산일과 계산 방법

노 과장님! 안전방재팀 한이룸 사원입니다.

이룸 씨 반가워요. 이번에 업무가 바뀌었죠?

저희 팀 근태 담당을 맡았는데 잘 부탁드립니다. 모르는 것들이 너무 많은데, 자주 문의 전화를 드려도 되나요?

근태 관리 업무는 꽤 골치 아픈 일인데 열정을 갖고 근태 전문가가 되도록 노력해보세요. 부담 갖지 말고, 언제든 전화주세요.

그래서 말인데, 우리 회사는 300인 이상 대규모 업종이라 2018년 7월부로 52시간제가 도입되었잖아요. 주(周)의 기산일은 월요일부터 일요일까지죠? 주 52시간의 계산 방식이 많이 헷갈리네요.

노과장   우리 회사는 300인 이상 대규모 업종이며 특례 제외 업종도 아니라 방금 말한 날짜부터 시행되는 건 맞아요. 주의 기산일은 7일을 말하고요. 어느 요일부터 시작하든 상관없어요. 다만 어느 요일부터 7일로 할지 한번 정하면 계속 가야 해요. 부서별로 달리해도 상관없고요. 전일제 근로자의 경우 1일 8시간, 1주에 40시간이 소정근로 한도이고 여기에 7일간 초과근로 한도(연장근로+휴일근로)가 12시간이에요. 초과근로를 주중에 했는지 토, 일에 했는지는 상관없어요. 합산해서 총 52시간을 준수해주세요.

관련 법률
「근로기준법」 제2조(정의)
....
1주란 휴일을 포함한 7일을 말한다.

휴게시간의 정의

노과장 무 주임님! 요즘 족구 안 하시나 봐요? 점심 드시고 늘 코트에 계셨잖아요.

무주임 요즘은 허리가 아파서 못 하겠어요. 더구나 우리 부서 일이 많아져서 밥 먹고 쉴 겨를도 없답니다.

노과장 그렇다면 부서 직원들은 점심 식사 후에 쉬지도 못하고 현장에 바로 복귀하는 건가요?

무주임 우리 부서 휴게시간이 12시부터 1시까지인데 요즘 거래처에서 전화가 수시로 걸려와서 휴게시간에 쉬면서 전화 좀 받으라고 하면 안 될까요?

노 과장　휴게시간에 전화가 올 수 있으니 대기하란 말인가요?

무 주임　대기까지는 아니고 그냥 의자에 앉아 쉬거나 신문도 보면서 말이에요. 그 시간에는 대부분 잠을 자거나 사무실에서 쉬는데 전화가 오면 받기만 하라고 했어요. 이번에 입찰 공고문을 게시해서 전화가 많이 오거든요.

노 과장　직원들의 휴게시간은 자유롭게 보장되어야 해요. 전화가 오면 받으라고 지시를 내린 것은 사실 휴게시간을 보장했다고 할 수 없어요. 자유롭지 않은 대기 시간이라고 볼 수 있지요. 대기 시간을 내린 만큼 근무시간에 휴게시간을 추가로 지정해서 직원들이 쉬도록 해주세요.

관련 법률
대판 1992. 4. 14, 91다20548

근로자가 작업 시간의 중도에 현실로 작업에 종사하지 않는 대기 시간이나 휴식, 수면 시간 등이라 하더라도 그것이 휴게시간으로서 근로자에게 자유로운 이용이 보장된 것이 아니고 실질적으로 사용자의 지휘·감독하에 놓여 있는 시간이라면 이를 당연히 근로시간에 포함시켜야 한다.

배우자 출산휴가 유급 10일

한이룸 ▸ 노 과장님! 한이룸 사원입니다.

노 과장 ▸ 이룸 씨 근태 때문에 전화한 거 맞죠?

한이룸 ▸ 어떻게 아셨어요? 족집게시네요!

노 과장 ▸ 점집 하나 차릴까요?

한이룸 ▸ 제가 단골할게요. 다름이 아니라 저희 부서에 이다둥 대리님이라고 있는데 이번에 배우자분이 출산을 하셨어요. 배우자 출산휴가를 신청하려고 하는데 총 며칠까지 사용할 수 있나요? 얼핏 듣기에는 휴가를 나눠 쓸 수도 있다고 하던데 정확하게 메모해두려고요.

(노과장) 배우자 출산휴가는 총 10일이에요. 유급이고 2회로 나눠서 쓸 수도 있지요. 5일 사용 후 5일 추가, 3일 사용 후 7일 추가, 이렇게 청구자가 희망하는 휴가 일수를 마음대로 설정할 수 있어요. 두 번째 사용일은 출산 후 90일 이전에 시작해야 한다는 점 잘 관리해주세요. 추가로 근로 제공 의무가 없는 휴일은 출산휴가 일수에서 제외돼요. 우리 회사는 주 5일 근무이니 토, 일은 제외된다는 말이지요. 출산휴가를 청구한다고 해서 부서 내에서 휴가를 반려하거나 인사에 불이익이 생기지 않는 분위기를 만들어주세요.

[한이룸] 감사합니다. 꼭 숙지하도록 할게요.

관련 법률

「남녀고용평등과 일·가정 양립 지원에 관한 법률」 제18조의2 (배우자 출산휴가)

① 사업주는 근로자가 소정 요건을 갖춰 배우자 출산휴가를 청구하면 반드시 이를 허용하여야 한다.
⑤ 사업주는 배우자 출산휴가를 이유로 근로자를 해고하거나 그 밖의 불리한 처우를 하여서는 안 된다.

육아기 근로시간 단축

무주임 노 과장님, 재무팀 홍팔자 씨가 이번에 근로시간 단축 신청서를 냈습니다. 1년 6개월을 희망하는데 가능한가요? 자녀가 초등학교에 입학하는데 엄마가 꼭 필요하다고 하루에 3시간 정도만 근무할 수 있다네요.

노과장 홍팔자 씨는 자녀가 태어났을 때 이미 6개월간 육아휴직을 사용하셨잖아요. 근로시간 단축 가능 기간이 12개월이고 육아휴직 잔여기간이 6개월이니 총 1년 6개월 단축 가능합니다. 만 8세 또는 초등학교 2학년이하 자녀가 있어야 해요. 근로시간은 1주에 15시간 이상이면 가능해요. 그리고 회사 인력 운영 상황을 봐서 근로자와 근로시간 단축 기간, 소정근로시간은 합의하에 조율 가능하다는 점을 꼭 알아두세요.

관련 법률

「남녀고용평등과 일·가정 양립 지원에 관한 법률」 제19조의2 (육아기 근로시간 단축)

① 사업주는 근로자가 만 8세 이하 또는 초등학교 2학년 이하의 자녀를 양육하기 위하여 근로시간의 단축을 신청하는 경우에 이를 허용하여야 한다. 다만, 대체인력 채용이 불가능한 경우, 정상적인 사업 운영에 중대한 지장을 초래하는 경우 등 대통령령으로 정하는 경우에는 그러하지 아니한다.

② 위 제1항 단서에 따라 사업주가 육아기 근로시간 단축을 허용하지 아니하는 경우에는 해당 근로자에게 그 사유를 서면으로 통보하고 육아휴직을 사용하게 하거나 출근 및 퇴근 시간 조정 등 다른 조치를 통하여 지원할 수 있는지를 해당 근로자와 협의하여야 한다.

③ 사업주가 위 제1항에 따라 해당 근로자에게 육아기 근로시간 단축을 허용하는 경우 단축 후 근로시간은 주당 15시간 이상이어야 하고 35시간을 넘어서는 아니 된다.

④ 육아기 근로시간 단축의 기간은 1년 이내로 한다. 다만, 「남녀고용평등법」에서 정의한 육아휴직 기준에 따라 육아휴직을 신청할 수 있는 근로자가 육아휴직 기간(1년 이내) 중 사용하지 아니한 기간이 있으면 그 기간을 가산한 기간 이내로 한다.

육아휴직 기간 연차 발생

노 과장 안녕하세요, 이룸 씨. 전화하셨네요. 부재중 전화 메시지가 남겨져 있어서요.

한이룸 노 과장님, 임신 근로자 근태 관리에 대해 알아두어야 할 점이 한두 가지가 아니네요.

노 과장 그만큼 여성 근로자를 위한 법 제정이 많이 이루어졌다고 볼 수 있지요.

한이룸 저희 부서 오영심 과장님은 2017년에 6개월간 육아휴직을 썼다고 해요. 오는 2021년 12월에 잔여 휴직 기간 6개월을 추가로 쓰고 싶다는데 연차 발생 관련해서 궁금한 게 있어서요. 2018년 5월 29일 이후로 법이 개정되어 육아휴직 기간도 출근한 것으로 간주한다던데, 이렇게 나눠서 휴직할 경우 어떻게 해야 하나요?

【노 과장】 육아휴직을 분할 사용한 경우네요. 법 시행 전에 육아휴직을 한 번 사용하고, 두 번째 육아휴직 개시일이 법 시행일 이후인 경우에는 두 번째 육아휴직에 대해 복귀 후 연차유급휴가 일수 산정 시 출근한 것으로 간주됩니다.

관련 법률

「근로기준법」 제60조(연차유급휴가)

．．．

다음 각호의 어느 하나에 해당하는 기간은 출근한 것으로 본다.
1. 근로자가 업무상의 부상 또는 질병으로 휴업한 기간
2. 출산전후휴가, 유산·사산휴가
3. 육아휴직으로 휴업한 기간

근로시간 단축 재신청
제한 기간

무주임 　노 과장님, 우리 팀 송상은 대리 아시죠?

노과장 　배우자분의 질병 때문에 근로시간 단축을 신청하신 분이잖아요.

무주임 　네, 기억하시네요.

노과장 　배우자분은 완쾌되셨나요?

무주임 　배우자는 완쾌되었는데 최근에 친정어머니께서 몸이 불편하신
가 봐요. 올해 초에 근로시간 단축이 종료되었는데 다른 사유로 단축 신청
을 한 번 더 해도 되나요?

(노 과장) 근로시간 단축 기간이 끝난 근로자가 기존과 다른 사유로 단축 신청을 해도 2년 이내에는 허용하지 않을 수 있어요. 하지만 회사가 재신청을 임의로 허용할 경우에는 재신청 제한 기간과 관계없이 단축할 수 있습니다.

[무 주임] 꼭 허용될 수 있도록 도와주세요. 사정이 딱해서요.

(노 과장) 네, 일단 저도 팀장님께 보고드릴게요.

관련 법률

「남녀고용평등과 일·가정 양립 지원에 관한 법률」 시행령 제16조의8(가족 돌봄 등 근로시간 단축의 허용 예외)

"대체인력 채용이 불가능한 경우, 정상적인 사업 운영에 중대한 지장을 초래하는 경우 등 대통령령으로 정하는 경우"란 다음 각호의 어느 하나에 해당하는 경우를 말한다.

4. 가족 돌봄 등 근로시간 단축 종료일부터 2년이 지나지 않은 근로자가 신청한 경우

근로시간 단축 근로자의
연장근로

무주임 노 과장님, 급히 여쭤볼 게 있습니다.

노과장 무 주임님! 공장 실내 소음 때문에 잘 안 들려요!

무주임 지금은 잘 들리세요?

노과장 네, 말씀하세요. 급한 질문이라는 게 뭐죠?

무주임 요즘 우리 공장에 잔업이 엄청 늘어나고 있어요. 하계휴가를 떠난 사람이 많아서 그런지 잔업을 안 하면 납기일을 맞출 수가 없네요. 혹시 근로시간 단축 신청자들도 연장근로를 시킬 수 있나요?

(노 과장)　주임님 팀에 가족 돌봄으로 근로시간 단축을 신청하신 분이 계시죠? 연장근로를 요구해서는 절대 안 됩니다. 1천만 원 이하의 벌금이 부과될 수 있어요.

(무 주임)　그런가요? 사업장이 바쁜데 이를 어쩌죠.

(노 과장)　무조건 안 된다는 건 아니고요. 해당 직원이 직접 연장근로를 희망할 경우에 한해서 주 12시간까지는 가능해요.

(무 주임)　알겠습니다.

관련 법률

「남녀고용평등과 일·가정 양립 지원에 관한 법률」 제22조의4(가족 돌봄 등을 위한 근로시간 단축 중 근로조건 등)

사업주는 가족 돌봄 등을 위한 근로시간 단축 기준에 따라 근로시간을 단축하고 있는 근로자에게 단축된 근로시간 외에 연장근로를 요구할 수 없다. 다만, 그 근로자가 명시적으로 청구하는 경우에는 사업주는 주 12시간 이내에서 연장근로를 시킬 수 있다.

신입사원의
연차휴가 사용 촉진

한이룸   저희 안전방재팀에 올해 상반기에 입사한 신입사원이 2명 있는데요. 지난번 사내 그룹웨어에 연차휴가 촉진 상세 안내사항이 공지되었는데, 신입사원들도 연차휴가 촉진 대상에 포함되는지 궁금해서요.

노과장   신입사원들의 월 단위 발생 휴가는 계속 근로 차원에서 발생된 것이지 정상적인 근로로 발생한 휴가로 볼 수 없기 때문에 연차휴가 사용 촉진 대상이 될 수 없었어요. 하지만 2020년 3월 31일 법 개정으로 입사한 지 만 1년 미만 직원들도 대상이 된다는 점을 안내해주시면 됩니다.

관련 법률

「근로기준법」 제61조(연차유급휴가의 사용 촉진)

사용자가 계속하여 근로한 기간이 1년 미만인 근로자의 연차유급휴가의 기준에 따른 유급휴가의 사용을 촉진하기 위하여 다음 각호의 조치를 하였음에도 불구하고 근로자가 휴가를 사용하지 아니하여 소멸된 경우에는 사용자는 그 사용하지 아니한 휴가에 대하여 보상할 의무가 없고, 같은 항 단서에 따른 사용자의 귀책사유에 해당하지 아니하는 것으로 본다.

1. 최초 1년의 근로기간이 끝나기 3개월 전을 기준으로 10일 이내에 사용자가 근로자별로 사용하지 아니한 휴가 일수를 알려주고, 근로자가 그 사용 시기를 정하여 사용자에게 통보하도록 서면으로 촉구할 것. 다만, 사용자가 서면 촉구한 후 발생한 휴가에 대해서는 최초 1년의 근로기간이 끝나기 1개월 전을 기준으로 5일 이내에 촉구하여야 한다.

2. 제1호에 따른 촉구에도 불구하고 근로자가 촉구를 받은 때부터 10일 이내에 사용하지 아니한 휴가의 전부 또는 일부의 사용 시기를 정하여 사용자에게 통보하지 아니하면 최초 1년의 근로기간이 끝나기 1개월 전까지 사용자가 사용하지 아니한 휴가의 사용 시기를 정하여 근로자에게 서면으로 통보할 것. 다만, 제1호 단서에 따라 촉구한 휴가에 대해서는 최초 1년의 근로기간이 끝나기 10일 전까지 서면으로 통보하여야 한다.

육아휴직 신청 대상자

무주임 노 과장님, 우리 부서에서 일하는 오남희 씨 아시죠?

노과장 작년에 계약직으로 입사하신 분이죠? 잘 알죠. 저희 집 근처 웰빙마트에서 남편분과 같이 자주 뵈었어요. 이번에 출산휴가 가셨죠?

무주임 맞아요. 그런데 출산휴가 후 육아휴직을 신청해도 되는지 묻더라고요. 제가 잘 몰라서 노 과장님께 물어보겠다고 했어요. 계약직도 육아휴직이 가능한 건가요?

노과장 당연하죠. 계속 근로한 기간이 6개월 이상이면 계약직도 육아휴직을 신청할 수 있어요.

무주임 　6개월 이상이군요. 전 1년 이상 근무한 사람인 줄 알았는데 잘못 알고 있었네요.

육아휴직 중
근로계약 기간 만료

노과장 최 대리님, 현재 우리 회사에 육아휴직 중인 사람이 10명인가요?

최용기 네, 맞습니다.

노과장 그중 3명은 계약직이죠?

최용기 네, 말씀하신 김에 궁금한 점이 있는데요. 육아휴직 중인 계약직 직원 3명은 육아휴직 신청 기간만큼 근로계약 기간이 늘어나는 건가요?

노과장 근로계약 기간이 정해진 근로자가 육아휴직을 신청했다면 사용자의 재량으로 근로계약이 종료되는 날 자동 종료할 수도 있고, 휴직 기간만큼 연장할 수도 있어요. 우리 회사는 예전부터 관례적으로 육아휴직 중 근로계약 기간이 만료되면 자동 종료하고 있습니다.

(최용기) 그렇군요. 무조건 연장해줘야 하는 것은 아닌가 보군요. 파견근
로자도 동일한가요?

(노 과장) 네, 파견근로자도 동일하게 적용됩니다.

관련 법률
여성고용과 2112, 2010. 6. 14

출산전후휴가와 육아휴직 중 계약 기간이 만료되면 사업주의 의무도 함께
종료되므로 출산전후휴가 및 육아휴직은 종료됨.

육아휴직 분할 사용 횟수

한이룸 노 과장님! 한이룸입니다. 제가 너무 자주 전화드리죠?

노과장 네, 맞아요.

한이룸 네?

노과장 하하하, 농담이에요. 궁금한 점이 있으면 언제든 전화주세요.

한이룸 저희 안전방재팀에 출산휴가 중인 직원이 한 분 있는데 휴가 이후 바로 육아휴직을 신청하려고 하세요. 혹시 육아휴직은 몇 번까지 나누어 사용할 수 있는지 알고 싶어서요.

[노 과장] 육아휴직은 1회만 나눠 사용할 수 있었는데 2020년 12월 8일부터 2회까지 나눠 사용할 수 있게 되었어요. 2회 나눠 사용할 수 있다는 것은 총 3회 사용 가능하다는 뜻이에요. 1회 기간은 3개월 이상이어야 하고요.

관련 법률
「남녀고용평등과 일·가정 양립 지원에 관한 법률」 제19조의4 (육아휴직과 육아기 근로시간 단축의 사용 형태)
....
근로자는 육아휴직을 2회에 한정하여 나누어 사용할 수 있다. 이 경우 임신 중인 여성 근로자가 모성 보호를 위하여 육아휴직을 사용한 횟수는 육아휴직을 나누어 사용한 횟수에 포함하지 아니한다.

탄력적 근로시간제
임신 근로자 적용 여부

무주임　노 과장님, 탄력적 시간제에 대해 여쭤봐도 될까요?

노과장　탄력적 시간제가 아니라 탄력적 근로시간제입니다. 줄여서 탄력근로제라고 불러요. 유연근로제의 일종이죠.

무주임　저희 팀이 현재 탄력적 근로시간제를 진행 중이잖아요. 혹시 적용 대상이 아닌 직원이 있나 해서요. 임신한 근로자는 포함할 수 없다는 기사를 본 기억이 있는데 맞나요?

노과장　맞아요. 3개월 이내 또는 3개월을 초과하는 탄력적 근로시간제 모두 임신 중인 여성 근로자는 포함할 수 없어요. 특정 기간에 장시간 근로해야 할 경우 신체적으로나 정신적으로 무리가 생길 수 있으니까요. 18세 미만의 근로자도 마찬가지고요.

무 주임 네, 임신한 근로자는 포함하지 않는 게 맞군요.

노 과장 부서원 하나하나 꼼꼼히 신경 쓰시는 무 주임님이 존경스럽네요.

관련 법률

「근로기준법」 제51조(3개월 이내의 탄력적 근로시간제)

15세 이상 18세 미만의 근로자와 임신 중인 여성 근로자에 대하여는 적용하지 아니한다.

제51조 2(3개월을 초과하는 탄력적 근로시간제)

15세 이상 18세 미만의 근로자와 임신 중인 여성 근로자에 대해서는 적용하지 아니한다.

출장 중인 직원의
근무시간 계산

무주임 노 과장님, 저 오늘 출장에서 복귀했습니다.

노과장 잘 다녀오셨어요? 장거리 출장 힘드셨죠? 무슨 교육 때문에 가신 거예요?

무주임 관리감독자 안전교육이었어요. 서울 출장은 매번 힘들어요. 첫째 날은 새벽 기차라서 해 뜨기 전 일어나야 했고, 마지막 날은 밤 10시 넘어서야 도착했거든요. 궁금한 게 있는데 출장 시 평소 근무시간보다 더 많이 일하는 경우 시간외수당이 발생하지 않나요?

노과장 우리 회사는 아직 내부적으로 정해진 규정이 없어서 출장 기간을 정상 근무로 보고 있어요. 따라서 출장 중에 연장근로 시간은 발생하지 않아요. 요즘 많은 회사에서 출장 관련하여 사업주와 협의 사항을 만드는 추세이기는 해요.

관련 법률
「근로기준법」 제58조(근로시간 계산의 특례)

① 근로자가 출장이나 그 밖의 사유로 근로시간의 전부 또는 일부를 사업장 밖에서 근로하여 근로시간을 산정하기 어려운 경우에는 소정근로시간을 근로한 것으로 본다. 다만, 그 업무를 수행하기 위하여 통상적으로 소정근로시간을 초과하여 근로할 필요가 있는 경우에는 그 업무의 수행에 통상 필요한 시간을 근로한 것으로 본다.
② 제1항 단서에도 불구하고 그 업무에 관하여 근로자 대표와 서면 합의를 한 경우에는 그 합의에서 정하는 시간을 업무의 수행에 통상 필요한 시간으로 본다.

산후 근로자의 시간외근로

무주임 오영심 대리가 이번에 육아휴직에서 조기 복직하기로 했습니다.

노과장 그러면 복직원을 제출해주세요. 인사 발령 공고를 내도록 하겠습니다. 계속해서 아이를 돌봐야 할 시기에 복직한다는 것은 참 대단한 결정인 것 같아요.

무주임 현실적으로 산후 근로자를 복직시키기란 참 어려운 상황이네요. 우리 부서는 현재 납기일이 밀려서 연장근로가 많이 발생하는 실정입니다. 산후 근로자는 연장근로를 시킬 수 없다고 들었는데 맞죠?

노과장 제가 늘 강조했던 부분이잖아요. 산후 근로자에게는 연장근로 허용 기준이 있어요. 1일 2시간, 1주 6시간, 1년에 총 150시간을 초과하면 위법이거든요.

관련 법률

「근로기준법」 제71조(시간외근로)

....

사용자는 산후 1년이 지나지 아니한 여성에 대하여는 단체협약이 있는 경우
라도 1일에 2시간, 1주에 6시간, 1년에 150시간을 초과하는 시간외근로를
시키지 못한다.

유급 수유 시간

[무주임] 노 과장님, 우리 부서의 오영심 대리가 오전 오후에 잠시 집에 다녀와도 되냐고 묻는데 괜찮을까요?

[노과장] 집에 다녀온다고요? 무슨 일로요?

[무주임] 글쎄요. 잘 모르겠어요.

[노과장] 오영심 대리는 최근에 출산하고 육아휴직했다가 조기 복직했잖아요. 아기 수유 때문에 가는 거 아닌가요?

[무주임] 그런 것 같아요. 저한테 얘기했는데 깜빡깜빡하네요. 그런데 집에 갔다 오려면 30분은 걸리는데 이거 복무 위반이 아닐까 걱정되네요.

(노 과장) 복무 위반이 절대 아닙니다. 자녀가 태어난 지 1년이 안 된 여직원은 하루에 2회 수유 시간을 청구할 수 있어요. 물론 유급이고요. 시스템상 근태 신청과 처리는 정확하게 관리하면 됩니다.

관련 법률

「근로기준법」 제75조(육아 시간)

생후 1년 미만의 유아(乳兒)를 가진 여성 근로자가 청구하면 1일 2회 각각 30분 이상의 유급 수유 시간을 주어야 한다.

선택적 근로시간제

무주임 노 과장님, 저 같은 상근 근무자들은 출퇴근 시간 조절이 가능하겠지요?

노과장 갑자기 왜 그러세요? 어디 불편한 점 있으세요?

무주임 출근길에 차가 얼마나 막히는지 매일 지각하겠어요.

노과장 단체협약에도 나와 있듯이 근로자가 자유롭게 출퇴근 시간을 조절할 수 있어요.

무주임 절차가 복잡한가요?

[노 과장] 간단해요. 선택적 근로시간 요청서만 작성해서 제출하시면 됩니다.

[무 주임] 아, 기억납니다. 설명회 때 적용 대상이 될 수 없는 사람도 있다고 하셨던 거 같은데요? 임산부였던가요?

[노 과장] 임산부는 선택적 근로시간제 허용 대상자가 맞고, 18세 미만 근로자가 허용되지 않아요.

관련 법률
「근로기준법」 제52조(선택적 근로시간제)

사용자는 취업규칙(취업규칙에 준하는 것을 포함한다)에 따라 업무의 시작 및 종료 시각을 근로자의 결정에 맡기기로 한 근로자에 대하여 근로자 대표와의 서면 합의에 따라 다음 각호의 사항을 정하면 1개월(신상품 또는 신기술의 연구개발 업무의 경우에는 3개월로 한다) 이내의 정산 기간을 평균하여 1주간의 근로시간이 40시간의 근로시간을 초과하지 아니하는 범위에서 1주간에 40시간의 근로시간을, 1일에 8시간의 근로시간을 초과하여 근로하게 할 수 있다.
1. 대상 근로자의 범위(15세 이상 18세 미만의 근로자는 제외한다)

적법한 휴일 대체

조충범 노 과장님! 운송1부 조충범 주임이라고 합니다.

노과장 조 주임님, 오랜만이네요. 조 주임님의 밝은 목소리만 들으면 "좋소! 좋소!"라는 명언이 생각나요.

조충범 노 과장님이 늘 도와주셔서 제 마음은 항상 "좋소! 좋소!"입니다.

노과장 최근에 멀리 다녀오셨죠? 속초까지 운송 다녀오시느라 고생하셨어요.

조충범 속초 간 김에 물회도 한 그릇 하고 왔지요. 그 집은 로봇이 서빙하더라고요. 다름이 아니라 우리 운송부 근태에 대해 궁금한 것이 있어서요. 저희 부서는 일요일에 고정적으로 근무하고 월요일은 휴무잖아요. 그럼 일요일 근무에 대한 휴일근로 수당은 안 나오는 게 맞지요?

(노과장) 네, 맞습니다. 예전에 운송부 직원들 단체로 설명회를 거친 후 동의를 얻고 휴일을 월요일로 대체했어요. 일요일은 통상근무일로 보기 때문에 별도의 수당은 없어요.

관련 법률

대판 2000.09.22. 99다7367

특정된 휴일을 근로일로 하고 대신 통상의 근로일을 휴일로 교체할 수 있도록 하는 규정을 두거나 그렇지 않더라도 근로자의 동의를 얻은 경우, 미리 근로자에게 교체할 휴일을 특정하여 고지하면 달리 보아야 할 사정이 없는 한 이는 적법한 휴일 대체가 되어, 원래의 휴일은 통상의 근로일이 되고 그 날의 근로는 휴일근로가 아닌 통상근로가 되므로 사용자는 근로자에게 휴일 근로 수당을 지급할 의무를 지지 않는다.

여성 근로자의 야간근로

무주임 | 노 과장님, 이상수 부장님 기억나시죠?

노 과장 | 국내 영업팀에 근무하셨던 이 부장님요? 함께 근무할 때는 잘 몰랐는데 주위에서는 투자에 정통하신 분이라고 하더라고요.

무주임 | 비트코인 알죠? 그분은 2010년부터 투자했다고 하니 지금 수익이 어마어마하게 났을걸요.

노 과장 | 대단하시네요. 저는 그때 비트코인이 뭔지도 몰랐어요. 요즘 잘 지내시죠? 정년퇴직 후에 근황이 궁금하긴 했어요.

무주임 | 지역 기념품 도매업을 하신다는데 요즘 호황이라더군요. 아무튼

돈복 있는 분이에요. 근데 다른 일로 고민이 많으시다네요. 발주가 밀려서 야간근로를 해야 하는데, 직원들이 대부분 여성이라 야간근로를 꺼리나 봐요.

(노 과장) 여성 근로자는 야간근로 발생 시 동의를 얻고 진행해야 하거든요. 여성 근로자 보호 차원에서 꼭 지켜야 할 부분이에요.

관련 법률
「근로기준법」 제70조 (야간근로와 휴일근로의 제한)

사용자는 18세 이상의 여성을 오후 10시부터 오전 6시까지의 시간 및 휴일에 근로시키려면 그 근로자의 동의를 받아야 한다.

chapter 6 채용

우리는 누구나 직업을 선택할 자유가 있다. 사용자는 기업이 원하는 조건을 명시해 채용 공고를 내고 예비 근로자들은 필요한 서류를 제출해 입사 지원을 한다. 면접까지 통과하고 채용이 결정되면 근로 계약서를 쓰는데, 여기에서 '갑(甲)', '을(乙)'이 나온다.

노사관계를 보통 갑을 관계로 비유하는 것은 비단 계약서상의 문제만이 아니다. 실제로 기업은 상대적으로 유리한 갑의 위치에 있고, 근로자는 불리한 을의 위치에 놓이는 경우가 많다.

하지만 우리에게는 헌법이 보장하는 5대 기본권 중의 하나인 평등권이 있다. 사회생활에서 불합리한 차별을 받지 않을 권리 말이다. 근로자는 노동력을 제공하고 사용자는 그에 합당한 보상을 제공하는 평등 관계라는 것을 잊지 말아야 한다.

기업(企業)이란 이익을 얻기 위해 물건이나 서비스를 생산하고 판매하는 조직체를 의미한다. '꾀할 기(企)'는 '사람 인(人)'과 '그칠 지(止)'

가 합쳐진 것으로 '사람 인(人)'을 빼면 지업(止業)이 된다. 사람이 없다면 기업을 운영할 수 없다. 그만큼 기업에서 가장 중요한 것이 직원이다. 기업을 운영하는 데 없어서는 안 될 직원의 채용과 고용에서 얼마나 자유권과 평등권이 보장되는지를 알아보자.

채용 시 성차별 금지

노과장 최 대리님, 이번에 제조1팀에서 인력 채용 요청서를 받으셨나요?

최용기 네, 받았습니다.

노과장 채용 공고는 올리셨구요?

최용기 엊그제 채용 사이트에 공고를 올렸는데 적절한 이력서가 아직 들어오지는 않네요.

노과장 조금만 더 기다려보죠. 제조1팀에 인력이 급한 건 아니죠?

최용기 아니요. 오늘도 전화로 건장하고 젊은 남자 직원으로 빨리 뽑아

달라더라고요. 채용 사이트에 '건장한 남자 직원 급구'라고 표기해보면 어떨까요?

노과장 최 대리님 인사부서에 2년 이상 근무했으면서 가장 기본적인 사항도 지키지 못하면 어떡합니까? 근로자 채용 시 남녀 차별을 두는 것은 위법 사항인 거 모르세요?

관련 법률

「남녀고용평등과 일·가정 양립 지원에 관한 법률」 제7조 (모집·채용 시 여성 차별 금지)

사업주는 근로자를 모집하거나 채용할 때 남녀를 차별해서는 안 된다. 사업주는 여성 근로자를 모집·채용할 때 그 직무의 수행에 필요하지 아니한 용모·키·체중 등의 신체적 조건, 미혼 조건, 그 밖에 고용노동부령으로 정하는 조건을 제시하거나 요구해서는 안 된다.

취업 기회의 박탈 피해

최용기 노 과장님! 저한테 전화하셨나요?

노과장 네, 지금 바쁘신가요?

최용기 청년취업박람회에서 우리 회사에 지원한 사람들 상담하느라 전화를 못 받았네요.

노과장 이번 공채 합격자들한테 합격 문자를 보내셨죠?

최용기 네. 오전에 박람회 출발하기 전에 보냈습니다. 근데 제가 큰 사고를 칠 뻔했어요.

(노과장) 큰 사고요? 무슨 일이 있었나요?

최용기 면접자 중에 허승용이라는 지원자가 1992년생과 1994년생 2명 있었어요. 동명이인이죠. 최종 합격자는 1992년생인데, 실수로 1994년생 허승용 씨에게 합격 문자를 보낼 뻔했어요. 문자 발송 전에 발견해서 다행이지 하마터면 탈락자에게 합격 소식을 전할 뻔했네요.

(노과장) 탈락자에게 합격을 번복했을 경우 정신적 금전적 피해로 인한 소송을 할 수도 있으니 특히 유의해야 합니다.

관련 법률

대판 1993. 9. 10, 1992다42897

. . . .

합격자로 통보받은 사람들은 빠른 시일 내에 취업될 것이라는 기대를 갖고 있었으므로 그에 대한 정신적 피해(취업 기회의 박탈 등)와 금전적 피해(시험의 응시 등)에 대한 손해배상을 청구할 수 있다.

채용 서류의 반환

노과장 기업윤리팀에 입사할 경력사원 채용은 어떻게 되어가나요?

최용기 일단 이력서 들어온 것 중에 재직 회사의 경력, 대학 전공, 외국어 점수 등을 보고 10명 정도 면접자들을 추렸습니다.

노과장 그렇게 많이 들어왔어요?

최용기 네. 홈페이지로 서류를 제출하라고 했는데 우편으로 제출한 사람도 있어요. 서류전형에서 탈락한 사람들에게는 서류를 반환해야 하나요?

노과장 구직자는 당락 결정일 14일 이후부터 반환 청구를 할 수 있습니다. 하지만 회사가 채용 서류를 온라인으로 제출해달라고 공지했음에도 불구하고 구직자가 우편으로 제출한 경우 서류 반환을 요구할 수 없어요.

구직자 스스로 판단해서 제출했기 때문입니다.

관련 법률

「채용절차 공정화에 관한 법률」 제11조(채용 서류의 반환 등)

구인자는 구직자의 채용 여부가 확정된 이후 구직자(확정된 채용 대상자는 제외한다)가 채용 서류의 반환을 청구하는 경우에는 본인임을 확인한 후 대통령령으로 정하는 바에 따라 반환하여야 한다. 다만, 동법에서 정한 항목에 따라 홈페이지 또는 전자우편으로 제출된 경우나 구직자가 구인자의 요구 없이 자발적으로 제출한 경우에는 그러하지 아니하다.

이력서의 허위 기재

노과장 최 대리님이 이 서류를 직접 만드신 건가요?

최용기 어떤 서류 말씀이세요?

노과장 이번에 새로 만든 이력서 양식이 굉장히 세련되어 보이네요.

최용기 다른 대기업들의 이력서 양식을 많이 참고했어요. 마케팅 부서에서 적극적으로 도와줘서 잘 나온 것 같아요.

노과장 그런데 이력서 마지막에 명시 사항이 빠진 것 같은데요.

최용기 아, 허위 기재 시 채용을 취소한다는 문구 말씀이시죠?

노 과장 그래요. 취업규칙에도 명시되어 있으니 읽어보시고 이력서 양식 맨 아래에 문구를 정확하게 기입해주세요. 학력 등 이력을 허위로 기재했을 경우 해고의 정당성으로 인정되거든요.

관련 법률

대판 2012. 7. 5, 2009두 16763

....

취업규칙에서 근로자가 고용 당시 제출한 이력서 등에 학력 등을 허위로 기재한 행위는 징계해고 사유로 특히 명시하고 있는 경우에 이를 이유로 해고하는 것은, 고용 당시 및 그 이후 제반 사정에 비추어 보더라도 사회통념상 현저히 부당하지 않다면 정당성이 인정된다.

경영상 이유에 의한
해고자 우선 고용 의무

무주임 노 과장님, 두풍전자부품 주식회사 얘기 들으셨어요?

노과장 그 회사에 또 문제가 생겼나요?

무주임 그 회사의 해고자들을 복직시킨다더라고요.

노과장 정말이에요? 요즘 전자기기 수요가 급증하면서 가동 중단했던 공장들을 재가동한다더니 정말 다행이네요.

무주임 재가동 시에는 신규 채용자를 뽑으면 안 되고 해고자들을 우선적으로 재고용해야 하는 거죠?

(노 과장) 맞아요. 해고한 날부터 3년 이내의 기간 중에 해고 근로자의 업무와 동일한 업무를 할 근로자를 채용할 경우, 해고 근로자의 특별한 사정이 없는 한 우선적으로 고용하도록 되어 있어요.

관련 법률

「근로기준법」 제25조〔우선 재고용 등〕

제24조에 따라 근로자를 해고한 사용자는 근로자를 해고한 날부터 3년 이내에 해고된 근로자가 해고 당시 담당하였던 업무와 같은 업무를 할 근로자를 채용하려고 할 경우 제24조에 따라 해고된 근로자가 원하면 그 근로자를 우선적으로 고용하여야 한다.

* 제24조: 경영상 이유에 의한 해고의 제한

취업 방해 금지 조항

최용기　노 과장님, 생산2팀 배망덕 씨를 기억하시나요?

노과장　배망덕 씨라면…… 아! 가족 돌봄 휴직 문제로 저랑 상담했던 기억이 있어요.

최용기　배망덕 씨가 휴직 끝나는 시점에 사직한다고 해요.

노과장　정말요?

최용기　네. 가족 돌봄을 빙자한 이직 준비였다는 말도 있는데 정말 괘씸하네요. 우리 두풍 계열사 중에서 잘나가는 두풍전자에 입사한다는 소문도 들리던데.

(노과장) 우리 그룹은 타 계열사 전직이 가능하니까요.

(최용기) 두풍전자에 연락해서 우리 회사 직원의 이력서가 들어오면 무시하라고 할까요? 배망덕 씨 말고도 두풍전자로 이직하려는 직원이 몇 명 더 있는데 명단을 작성해 공유하고 싶네요.

(노과장) 방금 최 대리님이 말씀하신 내용이 얼마나 잘못된 것인지 아세요? 이직을 방해하는 명단을 전송할 경우 취업 방해에 해당하는 위법이 됩니다. 사실이 어쨌든 간에 직원의 취업을 방해하면 안 된다는 점을 명심해 주세요.

(최용기) 제가 경솔했네요.

관련 법률
「근로기준법」 제40조(취업 방해의 금지)

누구든지 근로자의 취업을 방해할 목적으로 비밀 기호 또는 명부를 작성·사용하거나 통신을 하여서는 아니 된다.

미성년자의 채용

노 과장 무지한 주임님! 주말에 뭐 하셨나요?

무 주임 갑자기 그건 왜 물어보세요?

노 과장 차를 타고 지나가다 무 주임님이 햄버거 가게에 계신 걸 봤거든요.

무 주임 오랜만에 딸아이하고 햄버거를 먹으러 갔죠. 그런데 매장에 대부분 고등학생으로 보이는 친구들이 일하던데 그거 불법 아닌가요?

노 과장 아닙니다. 패스트푸드점뿐만 아니라 편의점과 일반 음식점 등 미성년자들이 일하는 곳이 많아요. 친권자의 동의서와 가족관계증명서를 제출하면 만 15세 이상부터는 고용이 가능해요. 이에 더해서 고용노동부의 취직인허증을 받은 곳은 만 13세부터 고용이 가능하고요. 원칙적으로는 만 15세 이상이면 고용이 가능하다고 보시면 됩니다.

(무주임) 그렇군요. 하지만 연장근로 같은 것은 못 시키겠네요?

(노 과장) 미성년자일 경우 소정근로시간은 하루 7시간, 1주에 총 35시간으로 한정되어 있어요. 합의하는 경우에 하루 1시간, 1주에 총 5시간 연장은 가능해요. 총 근로시간이 주 40시간만 넘지 않으면 됩니다.

관련 법률
「근로기준법」 제69조(근로시간)

15세 이상 18세 미만인 사람의 근로시간은 1일에 7시간, 1주에 35시간을 초과하지 못한다. 다만, 당사자 사이의 합의에 따라 1일에 1시간, 1주에 5시간을 한도로 연장할 수 있다.

외국인 근로자의
재입국 취업의 제한

무주임 싸왓디 캅.

노과장 네?

무주임 싸왓디 캅. 모르세요? 태국 인사말이잖아요.

노과장 네. 무 주임님, 싸왓디 캅.

무주임 우리 회사 협력사 중에 외국인 근로자를 뽑은 회사도 많은가 보네요. 동남아에서 온 외국인 근로자가 여기저기 많이 보입니다.

노과장 요즘 특히 외국인 근로자가 눈에 많이 띄더라고요.

(무주임) 외국인 근로자가 본국으로 출국했다가 다시 들어왔을 때 몇 달 간은 취업할 수 없다면서요?

(노과장) 맞아요. 국내에서 취업한 후에 출국한 외국인 근로자는 출국한 날부터 6개월이 지나야 재취업할 수 있어요.

관련 법률
「외국인 근로자의 고용 등에 관한 법률」 제18조의3 (재입국 취업의 제한)

국내에서 취업한 후 출국한 외국인 근로자는 출국한 날부터 6개월이 지나지 아니하면 이 법에 따라 다시 취업할 수 없다.

기간제 근로자 사용 기간 제한의 예외

무주임) 노 과장님, 오늘 1공장 구내식당에서 식사하셨죠?

노과장) 네, 어떻게 아셨어요? 제 스토커예요?

무주임) 하하, 노 과장님 옆에서 점심 먹던 분들이 R&D센터 직원 맞죠? 무슨 일로 이곳까지 오셨나요?

노과장) 공장 내 자동개선환경을 측정하러 왔어요. 자동화 시대에 개선할 부분이 많은가 봐요.

무주임) R&D센터 직원 대부분이 기간제 근로자로 알고 있는데 3년은 넘게 본 것 같아서요. 2년을 초과해서 기간제 근로자를 고용해도 되는 건가요?

[노과장] 네, 고용할 수 있어요. 박사 학위자들이 대부분인데 해당 분야에 종사하면 2년을 초과 근로해도 상관없어요.

관련 법률

「기간제 및 단시간 근로자 보호 등에 관한 법률」 시행령 제3조 (기간제 근로자 사용 기간 제한의 예외)

"전문적 지식·기술의 활용이 필요한 경우로서 대통령령이 정하는 경우"란 다음 각호의 어느 하나에 해당하는 경우를 말한다.
1. 박사 학위(외국에서 수여받은 박사 학위를 포함한다)를 소지하고 해당 분야에 종사하는 경우
2. 「국가기술자격법」에 따른 기술사 등급의 국가기술자격을 소지하고 해당 분야에 종사하는 경우
3. 동법에서 정한 전문 자격을 소지하고 해당 분야에 종사하는 경우

chapter 7

해고

해고(解雇)는 법률적으로 사용자가 근로자와의 근로계약 관계를 일방적으로 소멸하는 행위를 일컫는다. 실제로 사직 의사가 없는 근로자가 어쩔 수 없이 사직서를 제출한 경우나, 사직을 면피할 수 없는 상황에 직면했을 때도 해고로 본다. 근무지에서의 비행으로 인하여 기업 질서를 흩트린 근로자를 징계하기 위한 징계해고, 긴박한 경영상의 필요로 인한 정리해고, 기타 근로계약을 유지할 수 없는 사유로 인한 통상해고가 있다. 이 모든 해고는 근로자에게 가혹한 것으로 보기 때문에 '정당한 사유'를 갖춰야 한다.

「근로기준법」은 근로자의 생존권을 보장하기 위해 해고에 관해 여러 가지 제한 법안을 두고 있다. 하지만 경제가 어려운 시기여서인지 해고 사례가 늘어나고 부당해고 비중도 커지고 있다.

조직은 적정 인력 산정 및 재배치를 방치하면 비대해지게 마련이다. HR 관리에 대한 개념과 지식을 갖추지 못한 벤처기업 경영자들이

범하는 큰 실수 가운데 하나가 조직 내의 급속한 인력 팽창을 통제하지 못하는 것이다.

새로운 프로젝트나 사업 계획을 추진할 때는 새롭게 인력을 충원하기보다는 기존의 인력과 자원을 최적으로 배분하는 방안을 우선적으로 찾아야 한다. 하지만 대부분 "좀 더 많은 인력과 자원이 확보된다면 충분히 수행할 수 있다"는 논리가 앞선다.

경험이 풍부한 경영자는 조직의 인력이 급속히 늘어나는 것이 얼마나 위험한 일인지를 잘 알고 있다. 하지만 HR 운영 능력이 부족한 경영자들은 늘어나는 인력을 방치하다 결국 통제할 수 없는 상황에 이르고 만다.

수익이 원활하지 않은 상태에서 인건비라는 고정비용은 조직의 생존에 큰 부담으로 작용한다. 이것은 작은 기업들이 어려움에 처하게 되는 전형적인 요인이다. 사업이 잘될 때 조직의 규모를 지나치게 확장하고 어려워지면 직원들을 해고하는 것이다.

해고는 신중해야 한다. 노동위원회에서 부당해고 결정이 나고 원대복귀(原隊復歸)를 했다 하더라도 주위의 시선과 태도, 불편한 분위기를 감당하기는 쉽지 않다. 사용자는 해고가 발생하지 않도록 방만한 경영을 피해야 하며, 부득이하게 해고하더라도 '일방적 행위' 권한을 심도 있게 다루어야 한다.

해고 시 서면 기재 내용

노과장 최 대리님, 출하2팀 박결근 대리의 해고 통지서 좀 볼 수 있나요?

최용기 아직 작성 중입니다.

노과장 작성되면 우선 저한테 메일로 보내주세요.

최용기 해고는 반드시 서면으로 해야 하는 것은 알고 있는데, 일단 통지서에는 대상자 인적 사항과 해고 일자를 기입했습니다.

노과장 해고 사유는요?

최용기 통지서에 해고 사유도 적어야 하나요?

노 과장 아무리 서면으로 진행한다고 해도 해고 일자와 사유 2가지를 기재하지 않으면 효력이 없어요. 해고 폴더에 기존에 진행했던 자료가 있으니 찾아보세요.

최용기 죄송합니다. 큰일 날 뻔했네요.

노 과장 작년에 제가 만들어놓은 양식이 있을 겁니다.

관련 법률

「근로기준법」 제27조 (해고 사유 등의 서면 통지)

① 사용자는 근로자를 해고하려면 해고 사유와 해고 시기를 서면으로 통지하여야 한다.

② 근로자에 대한 해고는 제1항에 따라 서면으로 통지하여야 효력이 있다.

③ 사용자가 동법에 따른 해고의 예고를 해고 사유와 해고 시기를 명시하여 서면으로 한 경우에는 제1항에 따른 통지를 한 것으로 본다.

해고의 정당한 사유

무주임 노 과장님, 박결근 대리 해고 발령이 났네요?

노과장 인사 발령 공지사항을 보셨군요. 박결근 대리는 무단결근, 지각, 조퇴가 잦은 이유로 인사위원회를 거친 후 '정당한 사유'로 해고 통보를 했어요.

무주임 그 '정당한 사유'라는 게 참 어렵더라고요.

노과장 어렵죠. 서로의 입장이 다르니까요.

무주임 박결근 대리가 억울하다고 노동위원회에 구제 신청이라도 하지 않을까요?

(노과장) 물론 「근로기준법」상 해고의 자유를 여러 방면으로 제한하고 있는 것은 사실이에요. 다만 통상해고, 경영상 해고, 징계해고 3가지로 정당성을 구분하고 있어요. 박결근 대리는 근로 제공 의무의 거절로 인해 징계해고가 정당하다고 판단됩니다.

관련 법률
대판 91다17931, 1992. 4. 24

사용자가 근로자를 해고하기 위해서는 정당한 이유가 있어야 하는데, 정당한 이유란 사회통념상 근로계약을 유지시킬 수 없을 정도로 근로자에게 책임 있는 사유가 있거나 부득이한 경영상의 필요가 있는 것을 말한다.
1. 노동 능력의 상실로 경이한 업무조차 감당할 수 없거나 배치에 거부하는 경우
2. 무단결근, 지각, 조퇴의 반복 등 근로 제공 의무 위반
3. 불성실한 업무 태도로 인한 실적 부진
4. 업무와 관련된 절도, 횡령
5. 적법한 전근 명령에 대한 부임 거부
6. 운수업체에서의 배차 지시 거부 등

출산전후휴가 중
해고 결정과 통보

유상무 공수수 대리가 저지른 만행이 사실입니까?

이제철 기업윤리부에서 조사한 내용으로는 공수수 대리가 거래처로부터 여러 차례 상납금을 받은 사실이 확인됐다고 합니다. 뇌물수수를 한 임직원은 비위 발견 시 바로 해고가 결정됩니다.

유상무 지금 공수수 대리는 출산휴가 중이죠?

이제철 네, 맞습니다.

유상무 출산전후휴가 종료 후 30일간은 해고 금지 기간으로 알고 있는데 상관없는 건가요?

[이제철] 휴가 기간 중에 징계 수위를 해고로 결정하고, 해고 일자만 휴가 기간 종료 후 30일이 경과한 날로 정해서 통보하는 것은 가능합니다. 해고 자체는 금지하지만 해고 통보는 가능하거든요.

[유상무] 그렇군요. 법에 저촉되지 않도록 잘 확인하면서 진행하세요.

관련 법률

「근로기준법」 제23조(해고 등의 제한)

사용자는 근로자가 업무상 부상 또는 질병의 요양을 위하여 휴업한 기간과 그 후 30일 동안 또는 산전·산후의 여성이 이 법에 따라 휴업한 기간과 그 후 30일 동안은 해고하지 못한다.

사회통념상 해고 판단 기준

노과장 팀장님! 최근 신문기사를 읽어보니 많은 기업들의 해고가 노동위원회로부터 무효 판정을 받았네요.

이제철 네, 그런 경우가 생각보다 많습니다.

노과장 경우에 따라 다르겠지만 공통된 사유는 뭘까요?

이제철 징계해고의 사유를 근로계약이나 취업규칙 등에 명시해두더라도 사회통념에 부합하지 않으면 정당한 사유라고 판단하지 않는 것이지요.

노과장 사회통념상 부합하는 기준은 뭘까요?

[이제철] 사회통념상 비위 행위의 동기와 경위, 위계질서가 문란해질 위험을 포함해 기업에 미칠 영향 등 여러 상황을 전반적으로 판단해야 됩니다. 적정한 징계 수준을 벗어난 해고는 무효로 판정될 수 있거든요.

관련 법률
대판 2001두10455, 2002.5.28

일반적으로 해고 등 징계 사유는 근로계약, 취업규칙 등에 명시해주는 것이 바람직하며, 이러한 징계해고의 사유에 해당한다 하더라도 그것이 사회통념에 부합치 않는 경우 정당한 사유로 보지 않는다. 여기서 사회통념상 당해 근로자와의 고용관계를 계속할 수 없을 정도인지는 당해 사용자의 사업 목적, 성격, 종류, 사업장 여건, 당해 근로자의 지위·직종, 업무의 내용, 비위 행위의 동기와 경위, 위계질서 문란 위험을 포함한 기업 질서에 미칠 영향, 과거의 근무 태도 등 여러 가지 사정을 종합적으로 검토하여 판단해야 한다.

경영상 이유에 의한 해고 시 노조 통보 기한

무주임 노 과장님, 두풍그룹의 두풍전자부품 주식회사 있잖아요.

노과장 네, 두풍전자의 자회사잖아요. 두풍전자부품에는 제 친구들도 많이 다니고 있어요.

무주임 소문에 의하면 구조조정 이야기가 들리던데요. 전자제품 판매량이 크게 저조해서 부품 생산도 많이 줄었나 봐요.

노과장 며칠 전 두풍전자부품 본사에 있는 친구로부터 전화가 왔어요. 생산 라인의 30% 정도가 6개월 전부터 멈춘 상태인데 직원 해고를 막을 방법이 없다고 하더라고요. 합리적이고 공정한 기준으로 대상자를 선별한다고 하던데 굉장히 안타까운 일이네요.

무주임 두풍전자부품도 노동조합이 있잖아요? 회사는 노동조합에도 통보해야 하는 것 아닌가요?

노과장 맞아요. 해고를 피하기 위해 어떤 노력을 했고 대상자를 어떻게 선정할 것인지 등을 해고 당일 기준으로 50일 전까지 노조에 통보해야 해요. 마찬가지로 고용노동부 장관에게도 신고해야 하고요.

관련 법률
「근로기준법」 제24조 (경영상 이유에 의한 해고의 제한)

사용자는 근로자의 해고를 피하기 위한 방법과 해고의 기준 등에 관하여 그 사업 또는 사업장에 근로자의 과반수로 조직된 노동조합이 있는 경우에는 그 노동조합(근로자의 과반수로 조직된 노동조합이 없는 경우에는 근로자의 과반수를 대표하는 자를 말한다. 이하 '근로자 대표'라 한다)에 해고를 하려는 날의 50일 전까지 통보하고 성실하게 협의하여야 한다.

부당해고 구제 신청 기한

무주임 노 과장님, 힘쓰고엔지니어링에서 직원을 해고했다는 소문이 있던데요.

노과장 힘쓰고엔지니어링은 우리 회사 정비 협력사죠?

무주임 네, 맞습니다. 이번에 해고당한 직원이 있는데 부당해고라고 생각했는지 구제 신청을 할 예정이라고 하네요.

노과장 어떤 이유로 해고됐나요?

무주임 업무 능력이 부족해서 정리해고를 당했다네요.

노과장　근로자의 능력이나 실적이 미흡할 경우 교육 훈련, 배치 전환, 대기발령 등 인사 처분을 통해 능력을 개발하는 것이 더 타당하다고 보고 있어서 업무 능력 부족은 정당성을 인정하기 어렵다는 대법원 판결이 있어요.

무주임　많이 억울했나 보더라고요. 구제 신청은 언제까지 해야 되나요?

노과장　해고일로부터 3개월 이내에 노동위원회에 신청해야 해요.

관련 법률
「근로기준법」 제28조(부당해고 등의 구제 신청)

① 사용자가 근로자에게 부당해고 등을 하면 근로자는 노동위원회에 구제를 신청할 수 있다.
② 제1항에 따른 구제 신청은 부당해고 등이 있었던 날부터 3개월 이내에 하여야 한다.

구제명령 이행 기간

무주임 노 과장님, 힘쓰고엔지니어링 소식 들으셨나요?

노과장 아뇨. 사무실에만 처박혀 있으니 들을 일이 없네요. 어떻게 됐어요?

무주임 부당해고로 결정 났다네요.

노과장 업무 능력이 부족하다는 이유로 훈련이나 교육 등의 조치 없이 일방적으로 해고했을 때는 정당하다고 보기 어렵죠.

무주임 그럼 해고된 직원은 복직하는 건가요?

노과장 복직할 가능성이 크죠.

무주임 그럼 언제 복귀하는 거예요?

노과장 사업주는 노동위원회에서 구제명령 통지문을 받은 날부터 30일 이내로 이행해야 합니다.

> 관련 법률
> ## 「근로기준법」 시행령 제11조(구제명령의 이행 기한)
> ....
> 「노동위원회법」에 따른 노동위원회가 사용자에게 구제명령을 하는 때에는 이행 기한을 정하여야 한다. 이 경우 이행 기한은 사용자가 구제명령을 서면 으로 통지받은 날부터 30일 이내로 한다.

이행강제금이란?

노과장 최 대리님,《노동법전》을 아주 열심히 읽고 계시네요?

최용기 네, 이제 베개로만 사용하지 않고 매일 읽는 습관을 들이려고요. 그래서 여쭤볼 것이 있습니다.

노과장 어려운 질문은 아니죠?

최용기 노 과장님은 아실 것 같은데, 이행강제금이라는 게 뭔가요?

노과장 이행강제금은 노동위원회가 회사 측에 해고 근로자에 대한 구제 명령을 했음에도 불구하고 구제 또는 재심 판정을 이행하지 않을 때 부과하는 징수금을 말해요.

(최용기) 이번에 힘쓰고엔지니어링에서 해고한 직원을 복직시키지 않으면 이행강제금이 발생하나 봐요.

(노 과장) 그렇죠. 2천만 원 이하의 이행강제금이 발생하는데 통지를 받은 날부터 15일 이내에 납부해야 합니다. 이행강제금은 2년 동안 1년에 2회 발생할 수 있으니 8천만 원이 될 수도 있어요.

관련 법률

「근로기준법」 제33조(이행강제금)

노동위원회는 구제명령(구제명령을 내용으로 하는 재심 판정을 포함한다. 이하 이 조에서 같다)을 받은 후 이행 기한까지 구제명령을 이행하지 아니한 사용자에게 2천만 원 이하의 이행강제금을 부과한다.

당연퇴직 처리의 해고 여부

노과장 팀장님, 김도박 씨 건은 아직 인사위원회에서 의견이 없었나요?

이제철 출하1팀의 대기발령 직원 말이죠? 그렇지 않아도 그 사건 때문에 내일 추가 회의가 잡혔는데 복직이 안 될 가능성이 높아요.

노과장 복직 발령이 어렵나 보군요.

이제철 비위 행위의 정도가 심각하거든요.

노과장 저희 회사 규정에 복직 발령이 안 되는 경우에는 퇴직 처리되는 것으로 알고 있는데 이것도 해고라고 할 수 있죠?

[이제철] 그렇습니다. 대기발령 후 일정 기간이 경과하도록 복직 발령을 받지 못한 경우에 당연퇴직이 된다는 취업규칙에 따라 해고에 해당합니다.

관련 법률

대판 2007. 5. 31, 2007두1460

인사규정 등에 대기발령 후 일정 기간이 경과하도록 복직 발령을 받지 못하거나 직위를 부여받지 못하는 경우에는 당연퇴직 된다는 규정을 두는 경우, 대기발령에 이은 당연퇴직 처리를 일체로서 관찰하면 이는 근로자의 의사에 반하여 사용자의 일방적 의사에 따라 근로계약 관계를 종료시키는 것으로서 실질상 해고에 해당한다.

경영상 이유에 의한 해고

최용기 노 과장님! 해고라는 것은 통상적으로 징계처분이라고 볼 수 있

잖아요.

노 과장 음…… 통상적으로 그렇죠.

최용기 혹시 경영상 이유로 해고될 수도 있나요?

노 과장 물론이죠. 사업 성과가 좋지 않다거나 인수합병 시에도 해고할

수 있죠.

최용기 동일한 경우에도 해고 예고 규정이 적용되나요?

노 과장 그럼요. 사용자는 근로자에게 해고 사유와 해고 시기를 명시하여 서면으로 30일 전에 해고 예고를 해야 해요.

관련 법률
「근로기준법」 제26조(해고의 예고)

··

사용자는 근로자를 해고(경영상 이유에 의한 해고를 포함한다)하려면 적어도 30일 전에 예고해야 하고, 30일 전에 예고하지 아니하였을 때에는 30일분 이상의 통상임금을 지급하여야 한다.

사업 폐지(파산)로 인한 해직

이제철　노 과장님! 신문을 그렇게 쳐다보면 진짜 뚫리겠는데요?

노 과장　팀장님, 엄청 놀라운 기사가 떴네요.

이제철　무슨 일인데요?

노 과장　광양테크가 안타깝게도 파산 선고를 받았다네요.

이제철　광양테크라면 굴삭기 부품 제조업체잖아요? 재작년부터 우리 회사 입찰에 참여하지 않은 이유가 있었네요.

노 과장　파산한 기업이 청산 과정에서 근로자를 해고하는 것은 경영상 이유에 의한 해고로 해석할 수 있나요?

이제철 중요한 질문입니다. 기업이 파산 선고 후 청산 과정에서 근로자를 해고하는 것은 경영상 이유가 아니라 기업 경영의 자유에 포함된다고 볼 수 있어서 통상해고로 분류됩니다.

관련 법률

대판 2004.2.27, 2003두902

기업이 파산 선고를 받아 사업의 폐지를 위하여 그 청산 과정에서 근로자를 해고하는 것은 위장폐업이 아닌 한 기업 경영의 자유에 속하는 것으로서(이하 줄임) 통상해고에 해당하는 것이어서 정리해고에 관한 「근로기준법」 규정이 적용될 여지가 없고, 또한 파산관재인의 근로계약 해지는 해고만을 목적으로 한 위장파산이나 노동조합의 단결권 등을 방해하기 위한 위장폐업이 아닌 한 원칙적으로 부당노동 행위에 해당하지 아니한다.

chapter 8 4대 보험

근로자들은 대부분 생계를 근로소득에 의존하고, 산업현장에서는 사고, 실업, 재난 등의 위험 요소가 상재한다. 이러한 위험에 대비할 목적으로 국가가 보장하는 것이 사회보험이다. 민간보험과 달리 영리 목적은 아니며 강제성을 띠는 사회보험에는 국민연금, 건강보험, 고용보험, 산재보험이 있다.

사회보험은 1980년대부터 1990년대까지 수많은 개정을 거쳐 오늘에 이르렀다. 급격한 도입으로 사회, 경제적 분위기와 어긋나면서 형평성 논란이 계속 이어지고 있는 데다 수혜자의 기대에도 못 미치는 실정이다.

2018년 보건복지부는 국민연금 4차 재정 추계 결과를 내놓았는데 지금의 연금 운영 기준으로 약 40년 뒤에 완전히 소진된다고 유추했다. 국민들에게 거둬들이는 보험금과 기금투자 수익금을 더한 총액보다 지출이 더 큰 탓에 적자로 전환되는 시점이 2042년이라고 한다. 현재 사회 초년생인 1990년대 초반에 출생한 근로자는 연금을 수령하는 만 65세에 한 푼도 받지 못한다는 것이다. 물론 임금 인상률과 투자 수익률의 변동성이 있기는 하지만 아무런 대책 없이 국민들의 마음을 불안하게 만드는 것은 사실이다.

개인의 복지 수준은 소득에 따라 크게 달라진다. 정부는 경제 수준과 국민의 의식 수준이 높아짐에 따라 소득 격차를 축소하여 모든 국민의 삶의 질을 높이는 정책을 수립하는 것이 중요하다. 매년 보험요율을 인상하는 것만이 능사가 아니다. 늘 제도와 법을 시대에 맞게 개선해야 한다.

국민연금 수급 개시 연령

무주임 요즘 동기들 사이에 노후대책이 화제입니다. 점심시간에 그 얘기뿐이에요.

노과장 무 주임님, 퇴직연금 통장 IRP가 개설되었다면서요? 매달 소액이라도 넣어두세요. 퇴직금하고 같이 합산되면 노후에 많은 도움이 될 거예요.

무주임 매달 넣을 수 있는 소액이 없으니 허구한 날 이 모양이지요. 이참에 술 약속 좀 줄이고 재테크 한번 해볼까요? 국민연금 수급 연령은 언제부터인가요?

노과장 국민연금은 출생연도에 따라 수급 개시 연령이 달라요. 무 주임님은 1969년생이니까 65세부터 수급 가능하고요. 조기 수령도 가능한데

10년 이상 보험료를 납부한 자가 소득이 없어 미리 연금을 받고 싶을 경우 수령 나이 5년 전에 청구할 수 있으니 참고하세요.

출생 연도	수급 개시 연령		
	국민연금	조기노령연금	분할연금*
1952년생	60세	55세	60세
1953~56년생	61세	56세	61세
1957~60년생	62세	57세	62세
1961~64년생	63세	58세	63세
1965~68년생	64세	59세	64세
1969년생 이후	65세	60세	65세

• 국민연금 수급 개시 연령에게 전 배우자(노령연금 수급권자)의 연금액 일부를 분할 지급하는 제도
* 이혼자의 경우

유족연금 지급 순위

무주임 노 과장님! 제가 퇴직 후에 노령연금을 받다가 혹시나 저세상으로 가면 남은 연금은 누가 받나요? 소멸되는 거예요?

노과장 무슨 말씀이세요? 갑자기 왜 우울한 얘기를 하고 그러세요. 아직 재직 기간도 많이 남았고 건강하시잖아요.

무주임 문득 그런 생각이 들더라고요. 남은 연금이 소멸되는 건 아니죠?

노과장 그럼요. 연금 수령자가 사망할 경우 그에 의해 생계를 유지하던 유족에게 유족연금으로 지급됩니다. 유족은 사망자에 의해 생계를 유지하고 있던 가족으로 배우자, 자녀, 부모, 손자녀, 조부모 순위 중 최우선 순위자에게 지급해요.

관련 법률

「국민연금법」 제72조(유족연금의 수급권자)
유족연금을 받을 수 있는 요건

· 노령연금 수급권자가 사망한 경우
· 가입 기간이 10년 이상인 가입자 또는 가입자였던 자가 사망한 경우
· 장애등급 2급 이상인 장애연금 수급권자가 사망한 경우
· 연금보험료를 낸 기간이 가입 대상 기간의 1/3 이상인 가입자 또는 가입자
  였던 자가 사망한 경우
· 사망일 5년 전부터 사망일까지의 기간 중 연금보험료를 낸 기간이 3년 이
  상인 가입자 또는 가입자였던 자가 사망한 경우. 단, 가입 대상 기간 중 체
  납 기간이 3년 이상인 경우는 제외

반환일시금 지급 요건

무주임 노 과장님, 연금 관련해서 궁금한 게 있는데 물어봐도 될까요?

노과장 말씀해보세요.

무주임 2공장 협력사에 나이 많으신 분이 새로 입사하셨더라고요. 연금 보험료를 몇 년 납부하다가 60세에 퇴직하면 어떻게 되는 건가요? 10년 이상 가입해야 연금을 받을 수 있는 거잖아요. 그런 분들은 연금을 못 받나요?

노과장 지급 연령이 되었을 때 연금 수령 요건을 충족하지 못했거나 국외 이주 등으로 더 이상 국민연금 가입 대상이 아닌 경우 지급하는 반환일시금이라고 있어요. 납부한 연금보험료에 이자를 포함해서 지급되고요.

관련 법률

「국민연금법」 제77조(반환일시금)
반환일시금의 지급 요건

· 가입 기간 10년 미만인 사람이 지급 연령(60~65세)이 된 경우
· 가입자 또는 가입자였던 자가 사망하였으나 유족연금에 해당되지 않는 경우
· 국적을 상실하거나 국외에 이주한 경우
· 1999.4.1. 전의 퇴직연금 등 수급권자가 사업장가입자 또는 지역가입자
  자격을 상실한 경우

초단시간 근로자 4대 보험 가입

무주임 소정근로시간이 주당 15시간 미만인 근로자를 초단시간 근로자라고 부르죠?

노과장 맞아요. 근무시간이 하루 평균 3시간, 월 60시간 미만인 근로자를 말해요. 주임님 부서에 초단시간 근로자 두 분이 계시잖아요.

무주임 네, 그래요. 급여일이 다가와서 그러는데 주 15시간 미만 근로인 경우 주휴수당이나 연차 모두 발생하지 않잖아요. 이런 사람들은 보험료도 급여에서 공제할 필요 없는 거죠?

노과장 국민연금과 건강보험은 가입 대상이 아니지만 고용보험은 근로기간에 따라 달라져요. 3개월 이상 근무할 경우 고용보험은 무조건 적용해야 하거든요. 3개월 미만이라면 적용하지 않고요.

관련 법률

「고용보험법」 시행령 제3조(적용 제외 근로자)

....

"소정근로시간이 대통령령으로 정하는 시간 미만인 자"란 1개월간 소정근로시간이 60시간 미만인 자(1주간의 소정근로시간이 15시간 미만인 자를 포함한다)를 말한다. 다만, 3개월 이상 계속하여 근로를 제공하는 자와 일용근로자는 제외한다.

보수월액의 정의

노과장   최 대리님 엄청 열심히 일하시네요.

최용기   최근 신입사원이 입사해서 4대 보험 취득 신고를 하는 중이에요.

노과장   궁금한 게 있으신 것 같은데요?

최용기   네. 어떻게 아셨어요?

노과장   뭐가 잘 안 되세요?

최용기   신규로 취득 신고할 때 보수월액을 신고해야 하잖아요. 간단히
연봉 총액을 12분할한 금액으로 넣으면 되나 해서요.

노 과장 보수월액은 포함해야 하는 소득과 포함하지 않는 소득으로 나누면 간단합니다. 입사 당시 근로계약서, 보수규정 등에서 지급하기로 확정된 모든 과세소득을 포함하면 돼요. 예를 들면 통상임금, 정기 상여금, 고정 시간외근무수당, 선택적 복지 포인트 등 각종 수당들이 들어가죠. 하지만 10만 원 이하의 식대나 실적에 따라 지급 여부나 금액이 바뀌는 실적급은 제외합니다.

최용기 비과세소득과 입사 당시 지급 여부나 금액이 확정되지 않는 소득은 포함되지 않는군요.

관련 법률
보수월액 계산 방식
....
보수월액 = (입사 당시 지급이 약정된 각 급여 총액 − 비과세소득) / 12

chapter 9

퇴직금

어느 리서치 회사에서 퇴직 사유를 조사했는데(정년퇴직은 제외), 1위는 "직장 상사와의 마찰", 2위는 "만족스럽지 않은 연봉 및 복리후생"이었다. 일보다는 사람과의 관계가 더 힘들다는 것이었다. 또한 진짜 내가 원하고 즐길 수 있는 일을 하면서 돈을 버는 근로자가 대한민국 전체 근로자 중 2%가 안 된다는 조사 결과도 나왔다. 그만큼 직장 생활을 하면서 돈을 버는 것 자체가 힘들다는 의미다.

퇴직금은 말 그대로 "근로자가 퇴직 후 생활 안정에 필요한 금품을 주는 제도"이다. 단순히 1년 이상 근무하면 퇴직금을 받는다는 것에 그치지 않고 근로자라면 정확한 퇴직 금액을 산정할 수 있어야 한다. 하지만 나의 퇴직금이 현재 어느 정도인지, 은퇴 후 얼마를 받는지 산정할 수 있는 사람은 많지 않다.

퇴직금은 오래전부터 원칙적으로 중간 정산이 금지되었다. 2012년 정부가 노후 재원의 축적이라는 퇴직금 본연의 목적을 위해 마련한

장치이기도 하다. 퇴직금을 받으면 사람들은 많은 생각에 잠긴다. "이 게 마지막 임금이구나", "이 돈으로 무엇을 할까?", "중간 정산을 하지 말걸 그랬나", "퇴직금이 생각보다 많지 않은데 남은 생을 어떻게 살 아야 하지?" 따지고 보면 퇴직금 수령 시기에는 기쁨과 즐거움보다는 걱정과 미래에 대한 두려움이 더 클 것이다.

일자리는 갈수록 줄어들어 이직은 힘들고 은퇴 후 재입사는 낙타 가 바늘구멍에 들어가는 것만큼 어려운 일이다. 노동이 삶을 위협하 는 시대에 오래 회사를 다니려면 사직서를 쓰는 절차보다는 「근로기 준법」을 알아야 한다.

퇴직급여 지급 대상 여부

김솔 노 과장님, 김솔 사원입니다.

노과장 반가워요. 작년에 문을 연 사내 어린이집에 대해 직원들 반응이 아주 좋던데 원아 모집은 잘되고 있나요?

김솔 원비도 무상인 데다 근무 중에 틈틈이 아이들을 볼 수 있어서 너무 좋아해요. 어린이집 관리에 대해 여쭤볼 것이 있어요. 이번에 어린이집 원장 선생님께서 개인적인 이유로 그만두게 되셨는데 어린이집 본사에서 퇴직급여가 있다고 관리 운영비에 포함해서 청구하더라고요. 어린이집 원장 선생님도 퇴직금이 있나요?

노과장 1년 이상 재직하신 어린이집 원장 선생님은 어린이집을 전문적으로 운영하는 기업(사용자)과 고용계약을 체결한 후 그 기업의 지휘, 감독 하에 사실상 노무에 종사하고 그 대가로 임금을 지급받는 것으로 알고 있어요. 이럴 경우에는 「근로기준법」상 근로자로서 퇴직급여 지급 대상자가 맞아요.

관련 법률

고용노동부 근로복지과 2876, 2011.11.21

어린이집 원장이 법인으로부터 사무 처리를 위임받아 업무대표권 또는 업무집행권을 받은 대표이사 등 임원이라면 비록 그가 회사의 주주가 아니더라도 특별한 사정이 없는 한 「근로기준법」상 근로자라 할 수 없고, 법인과 도급계약을 체결하고 어린이집을 운영하는 원장은 동 사업의 사업주로서 「근로기준법」상 근로자라고 할 수 없으나 그 형식에도 불구하고 실질에 있어 법인에 고용되어 지휘, 감독을 받아 사실상 노무에 종사하고 그 대가로 임금을 받는 경우라면 「근로기준법」상 근로자로 볼 수 있다.

4인 이하 사업장 근로자의
퇴직금 지급 여부

무주임 노 과장님, 2공장 협력사 미새플랜텍 한공수 반장님 아시죠?

노과장 한 반장님요? 잘 알죠! 저랑 몇 달 전 풋살 경기도 했었죠.

무주임 그런데 지금은 안 계세요.

노과장 아! 최근에 정년퇴직하셨던가요?

무주임 한 달 전에 정년퇴직하고 이번 주에 죽 가게를 오픈하신대요. 퇴직금으로 프랜차이즈 죽집을 차리셨는데 개업식 때 한번 같이 가시죠. 그런데 미새플랜텍은 근로자가 4명인 걸로 아는데 퇴직금이 나오나 보네요.

(노 과장) 예전에는 5인 이상 사업장만 퇴직금을 지급하도록 했는데, 법이 바뀌어서 이제는 4인 이하 사업장도 무조건 퇴직금을 지급해야 합니다.

관련 법률
고용노동부 근로복지과 2956. 2011. 11. 24

「근로자 퇴직급여 보장법」에 따라 사용자는 상시근로자 5인 이상 사업장에서 1년 이상 계속 근로하고 퇴직하는 근로자에게 계속 근로기간 1년에 대하여 30일분 이상의 평균임금을 퇴직금으로 지급하여야 하며, 2010.12.1부터 4인 이하 사업장에도 퇴직급여 제도가 확대 시행된바, 4인 이하 사업장에서 2010.12.1 이후 1년 이상 계속 근로하고 퇴직한 근로자에 대하여도 퇴직금을 지급하여야 한다.

4대 보험 가입 1년 미만의 퇴직금 정산

한이룸 노 과장님, 한이룸입니다.

노과장 네, 무슨 일이시죠?

한이룸 개인적인 일로 여쭤볼 게 있어서요. 제 동생이 작은 중소업체에서 연구 보조로 1년간 근무했는데 퇴직금을 못 받았다고 하더라고요. 4대 보험 가입 기간이 1년 미만이라 퇴직금을 줄 수 없다고 했다던데 맞는 말인가요?

노과장 계속 근로기간이 1년 이상이고 4주간 평균하여 1주간의 소정근로시간이 15시간 이상인 것은 확인하셨고요?

한이룸 그 정도는 알고 있어서 확인했습니다.

노과장 4대 보험 가입 기간이 1년 미만이더라도 실제 사업장에서 계속 근로를 제공한 기간이 1년 이상이면 퇴직금을 지급해야 합니다. 4대 보험 가입 여부 또는 가입 기간은 퇴직금 지급 여부와 상관없어요.

관련 법률

고용노동부 근로복지과 3580, 2013.10.24

사업장에서 1년 이상 계속 근로를 제공한 근로자에 해당된다면 4대 보험 가입 여부 및 가입 기간과 상관없이 퇴직금을 받을 권리를 주장할 수 있으므로 퇴직일로부터 14일 이내에 해당 퇴직금을 지급받지 못할 경우 사업장 관할 고용노동관서에 진정 등을 제기하여 권리 구제를 받을 수 있도록 해야 한다.

근로시간 단축 근로자의
퇴직금

무주임 노 과장님, 송상은 대리가 퇴사한다고 하네요.

노과장 송 대리님께 무슨 일 있나요?

무주임 배우자분도 몸이 아프시고, 친정어머니도 몸이 많이 불편해서 근로시간 단축 신청을 했었잖아요.

노과장 집안 사정 때문에 회사 다니기가 많이 부담스러우신 건가요?

무주임 그런가 봐요. 참 안됐네요. 매우 성실하고 우리 공장에서도 일 잘하기로 소문난 친구거든요. 사직서는 제가 대신 받아서 제출하겠습니다. 근로시간 단축을 사용하다가 회사를 그만두면 퇴직금도 많이 줄어드는 거 아닌가요? 퇴직 전 3개월 급여로 계산된다면서요?

(노 과장) 근로시간 단축 기간은 「근로기준법」에 따라 퇴직금의 기준이 되는 평균임금 산정에서 제외됩니다.

무주임 그래요? 송 대리한테 빨리 알려줘야겠네요.

관련 법률
「남녀고용평등과 일·가정 양립 지원에 관한 법률」 시행령 제22조의4 (가족 돌봄 등을 위한 근로시간 단축 중 근로조건 등)

근로시간 단축을 한 근로자에 대하여 「근로기준법」에서 정하고 있는 평균임금을 산정하는 경우에는 그 근로자의 근로시간 단축 기간을 평균임금 산정 기간에서 제외한다.

퇴직금을 받지 않기로
약정한 경우

권오광 노 과장님! 지난주 인사2부로 파견 온 권오광이라고 합니다.

노 과장 네, 처음 인사드리네요. 바로 옆 부서인데 얼굴 볼 일이 없었네요.

권오광 곧 제가 찾아뵐게요. 그전에 한 가지 질문이 있는데요. 제가 소속 회사와 계약 체결할 때 퇴직금은 받지 않기로 했고, 근로계약서에도 '지급 하지 않는다'고 적힌 양식에 서명은 했거든요. 제가 동의한 것이라면 정말 받을 수 없는 건가요?

노 과장 휴먼코아 맞죠? 오광 씨가 파견 올 때는 휴먼코아와 그런 계약 은 체결하지 않았어요. 물론 당연히 매달 퇴직 충당금은 발생하고요. 근로 계약을 체결하면서 퇴직금 청구권을 사전에 포기하는 행위는 효력이 없어요. 퇴직금은 퇴직자 발생 시 지급 기준에 맞다면 무조건 지급하게 되어 있어요.

권오광 다행이네요.

관련 법률

고용노동부 퇴직연금복지과 2118, 2015.7.1

「근로자 퇴직급여 보장법」에 따라 사용자는 계속 근로기간이 1년 이상이고 4주간을 평균하여 1주간의 소정근로시간이 15시간 이상인 퇴직 근로자에게 계속 근로기간 1년에 대하여 30일분 이상의 평균임금을 퇴직금으로 지급하도록 규정하고 있는바, 퇴직 전에 노사 당사자 간 약정으로 근로자의 퇴직금 청구권을 사전에 포기하는 것은 무효라 할 것이다.

퇴직금 지급 기한

김송별 안녕하세요. 저는 해외영업팀에 재직하다 2주 전 퇴직한 김송별이라고 합니다.

노과장 안녕하세요, 송별 씨. 무슨 일이신가요?

김송별 퇴직금이 아직 안 들어와서요. 퇴직금은 퇴사일로부터 14일 이내에 지급해야 한다고 들었는데 무슨 문제라도 있나요.

노과장 퇴직금은 14일 이내에 지급하는 게 원칙이지만 퇴직연금제도로 운영하고 있는 우리 회사는 퇴직자가 많을 경우 퇴직연금을 운영하는 금융업체에서 간혹 은행 마감 시간을 놓치는 등의 사유로 지급 시기가 하루이틀 연장될 수 있다고 매년 퇴직연금 설명회에서 알려드리고 있어요. 그

점에 대해 근로자 대표 및 퇴직 예정 직원들과 합의했고요. 송별 씨의 퇴직금이 정확히 언제 입금되는지 퇴직연금 운영업체에 전화해보고 알려드리겠습니다.

김송별   아! 퇴직연금 설명회와 사직서를 제출하면서 들은 기억이 나네요. 정확히 언제 입금되는지 알려주시면 감사하겠습니다.

관련 법률
「근로자퇴직급여보장법」, 제9조(퇴직금의 지급)

사용자는 근로자가 퇴직한 경우에는 그 지급 사유가 발생한 날부터 14일 이내에 퇴직금을 지급하여야 한다. 다만, 특별한 사정이 있는 경우에는 당사자 간의 합의에 따라 지급 기일을 연장할 수 있다.

식대, 교통비의
퇴직금 산입 여부

무주임 노 과장님, 퇴직금에 대해 궁금한 게 있습니다.

노과장 퇴직금이 얼마 정도인지 계산해보시려고요?

무주임 좀 까다로운 부분이 있던데요.

노과장 어떤 점인데요?

무주임 우리 두풍기계는 퇴직금을 계산할 때 식대와 교통비를 포함한다고 알고 있는데, 2가지를 포함하지 않는 곳이 많다고 하네요. 이거 불법인가요?

(노과장) 우리 회사는 단체협약과 취업규칙에 식대와 교통비를 계속적, 정기적으로 지급한다고 명시되어 있어요. 출근일수와 무관하게 모든 근로자에게 일률적으로 지급하고 있어서 평균임금으로 산입해서 퇴직금에 포함한다는 뜻이에요. 그런데 복리후생 비용이나 출근일에 따라 차등적으로 지급되는 등 생활 보조적 성격을 띨 경우에는 평균임금에 산입할 필요가 없어요. 그래서 퇴직금에 포함하지 않는 회사도 많아요.

무주임 그런 차이점이 있군요.

관련 법률

「근로기준법」 제2조(정의)

"임금"이란 사용자가 근로의 대가로 근로자에게 임금, 봉급, 그 밖에 어떠한 명칭으로든지 지급하는 일체의 금품을 말한다. "평균임금"이란 이를 산정하여야 할 사유가 발생한 날 이전 3개월 동안에 그 근로자에게 지급된 임금의 총액을 그 기간의 총일수로 나눈 금액을 말한다. 근로자가 취업한 후 3개월 미만인 경우도 이에 준한다.

무주택자의 퇴직금 중간 정산

무주임 노 과장님, 퇴직금 중간 정산 때문에 우리 부서 직원 한 명이 대신 물어봐 달라고 한 게 있어서요.

노과장 퇴직금 중간 정산이 필요하다는 말인가요?

무주임 네, 퇴직금 중간 정산이 2012년부터 힘들게 됐잖아요. 무주택자 주택 구입이나 전세금 부담 명목으로 정산 가능한 것으로 알고 있는데 맞나요?

노과장 네, 무주택자인 근로자 본인 명의로 주택을 구입하거나 주거 목적으로 전세금 부담이 발생할 경우 중간 정산 사유로 인정됩니다.

무주임　이번에 부 대리가 전세금 때문에 퇴직금 중간 정산을 신청한다고 합니다.

노과장　부 대리라면…… 혹시 부동산 대리요? 4년 전쯤 아파트 전세 입주로 중간 정산을 한 번 했기 때문에 안타깝지만 이번에는 불가능해요. 전세 입주로 인한 중간 정산은 한 회사에 근무하는 동안 1회로 한정되거든요.

관련 법률
「근로자퇴직급여보장법」 시행령 제3조(퇴직금의 중간 정산 사유)

① 무주택자인 근로자가 본인 명의로 주택을 구입하는 경우
② 무주택자인 근로자가 주거를 목적으로 「민법」에서 정한 전세권의 내용에 따른 전세금 또는 「주택임대차보호법」에서 정한 전세임대주택 인도에 따른 보증금을 부담하는 경우. 이 경우 근로자가 하나의 사업에 근로하는 동안 1회로 한정한다.

의도적으로
평균임금을 높인 근로자

최용기 노 과장님! 이번 달 퇴직금 발생자 중에 이상한 점이 발견되었습니다.

노 과장 무슨 문제라도 있나요?

최용기 물류1팀 오정년 주임의 평균임금을 계산해보니, 물류1팀은 연장근로가 전혀 발생하지 않는 사업장인데도 퇴직 전 3개월 동안 매월 20시간씩 발생한 거예요.

노 과장 임금 총액이 많이 늘어났겠네요?

최용기 네. 자연스럽게 평균임금도 상승했고요.

노 과장   평균임금은 말 그대로 직원의 통상적인 생활임금을 말하는데 퇴직 전 3개월로 산정하는 원칙을 획일적으로 적용하면 사실대로 반영하지 못하는 경우가 있어요. 쉽게 말하면 근로자가 퇴직 직전에 평균임금을 의도적으로 높였다는 것을 입증하면 이를 반영하지 않고 통상적인 평균임금 수준으로 계산할 수 있다는 거죠.

최용기   다른 방법으로도 계산할 수 있다는 뜻이네요.

관련 법률

대판 2010. 4. 15, 선고 2009다99396

근로자가 퇴직 직전 의도적으로 평균임금을 높이기 위한 행위를 한 경우 근로자의 통상적인 생활임금을 사실대로 반영할 수 있는 합리적이고 타당한 다른 방법으로 그 평균임금을 따로 산정할 수 있다.

평균임금이
통상임금보다 적을 경우

무주임 노 과장님, 우리 팀 서효민 사원이 다음 주에 회사를 그만둔다고 합니다.

노 과장 혹시 직장 내 괴롭힘 같은 게 있었던 건 아니죠?

무주임 무슨 소리예요? 우리 회사에서 신입사원에게 가장 따뜻하게 대해주는 사람 1등이 바로 저일걸요.

노 과장 서효민 사원이라면 최근에 결근이 많았던 직원 아녜요? 무슨 일이 있는 건가요?

무주임 모르겠어요. 말을 잘 안 하니 알 수가 없네요.

노 과장) 사직서를 제출해달라고 말씀해주세요. 채용 건만 늘어나네요.

무주임) 서효민 사원이 결근한 만큼 이번 달 급여가 줄겠네요. 퇴직금은 퇴직 전 3개월 평균임금으로 계산하니 많이 손해 보겠어요.

노 과장) 아니에요. 평균임금이 통상임금보다 적을 경우에는 그 통상임금 액을 평균임금으로 산정하고 있어요.

관련 법률

「근로기준법」 제2조(정의)

....

"평균임금"이란 이를 산정하여야 할 사유가 발생한 날 이전 3개월 동안에 그 근로자에게 지급된 임금의 총액을 그 기간의 총일수로 나눈 금액을 말한 다. 근로자가 취업한 후 3개월 미만인 경우도 이에 준한다. 산출된 금액이 그 근로자의 통상임금보다 적으면 그 통상임금액을 평균임금으로 한다.

10인 미만 사업장의
퇴직연금제도 가입 시

최고참　노 과장! 잘 지냈나? 오랜만이지?

노 과장　최 상무님, 아니세요? 잘 지내셨어요?

최고참　내 목소리 기억하고 있었네?

노 과장　그럼요. 단번에 알아챘죠.

최고참　이제철 팀장도 잘 있지?

노 과장　네, 잘 지내고 있습니다. 퇴직하시고 얼마 만이에요? 자주 연락드리지 못해 송구스럽네요. 큰 사업을 하신다는 소식은 간간이 들었습니다.

최고참 크지는 않고 직원 7명이 근무하는 작은 회사야. 뭐 하나 물어보려고 하는데, 우리 같은 작은 회사는 퇴직연금제도를 설정할 때 직원 동의를 생략해도 되나?

노과장 아닙니다. 10인 미만 근로자가 있는 기업은 근로자 개별 동의를 받거나 근로자의 요구에 따라 개인형퇴직연금제도를 설정할 때 인정될 수 있어요.

관련 법률
「근로자퇴직급여보장법」 제25조
(10명 미만을 사용하는 사업에 대한 특례)

상시 10명 미만의 근로자를 사용하는 사업의 경우 사용자가 개별 근로자의 동의를 받거나 근로자의 요구에 따라 개인형퇴직연금제도를 설정하는 경우에는 해당 근로자에 대하여 퇴직급여제도를 설정한 것으로 본다. 근로자가 요구하는 경우에는 스스로 퇴직연금 사업자를 선정할 수 있다.

퇴직금 중간 정산 사유

무주임 노 과장님, 부양가족 요양도 퇴직금 중간 정산 사유가 되나요?

노 과장 물론이죠. 근로자 또는 근로자의 배우자와 생계를 같이하는 부양가족 모두 해당됩니다.

무주임 요양 기간은 별도의 기준이 있나요?

노 과장 질병이나 부상 등으로 6개월 이상 요양이 필요한 경우 퇴직금 중간 정산 사유에 해당할 수 있어요.

무주임 최근에 6개월 이상 어머니 요양으로 목돈이 나갔거든요.

[노 과장] 신청해보세요. 물론 퇴직연금 주간사(主幹事)의 심사를 거쳐야 하지만 쉽게 승인이 날 거예요.

관련 법률
「근로자퇴직급여보장법」 시행령 제3조(퇴직금의 중간 정산 사유)

근로자가 6개월 이상 요양을 필요로 하는 다음 각 목의 어느 하나에 해당하는 사람의 질병이나 부상에 대한 의료비를 해당 근로자가 본인 연간 임금 총액의 1천 분의 125를 초과하여 부담하는 경우

가. 근로자 본인

나. 근로자의 배우자

다. 근로자 또는 그 배우자의 부양가족

퇴직연금제도 위탁교육

무주임 오늘 오후 대회의장에서 집합교육이 있다고 하던데요?

노과장 네. 그룹웨어에 교육 안내문을 상세히 공지했어요.

무주임 제가 PC를 사용할 일이 별로 없어서 이제야 알았네요. 무슨 교육
인가요?

노과장 퇴직연금제도 교육이에요. 매년 이맘때쯤 진행하는 거 있잖아요.

무주임 아! 기억나네요. 회사 퇴직연금 주간사인 ○○생명에서 교육하
는 거 맞죠?

(노 과장) 맛있는 다과도 준비했으니 꼭 참여해주세요.

(무 주임) 근데 회사가 교육을 직접 안 하고 다른 업체에서 해도 되는 건가요?

(노 과장) 퇴직연금 사업자에게 교육을 위탁할 수 있어요. 전문성이 뛰어나 질의응답이 원활하니 훨씬 낫죠.

관련 법률
「근로자퇴직급여보장법」 제32조(사용자의 책무)

퇴직연금제도(개인형퇴직연금제도는 제외한다)를 설정한 사용자는 매년 1회 이상 가입자에게 해당 사업의 퇴직연금제도 운영 상황 등 대통령령으로 정하는 사항에 관한 교육을 하여야 한다. 이 경우 사용자는 퇴직연금 사업자에게 그 교육의 실시를 위탁할 수 있다.

chapter 10

도급·파견

창원에 있는 케이조선(옛 STX조선해양)에서 6년 넘게 일한 30대 오씨
는 조선소 사내 하청업체에서 일하다 해고되었다. 회사가 없어졌으
니 정확히 말하면 해고라고도 할 수 없었다. 어쨌든 그는 다니던 회사
를 인수한 기업에 복직을 요구하며 싸웠다. 오씨가 일하던 회사는 조
선소에서 사용하는 자재와 물류를 관리하는 업체였다. 하청업체 사
무실은 조선소 밖에 있지만 밸브를 담당하는 오씨는 원청과 주기적
으로 소통해야 하기 때문에 원청 사무실에서 원청 관리자에게 업무
지시를 받으며 일했다. 연차, 조퇴 등을 허락하는 것도 원청 관리자였
다. 그렇게 5년을 일했다.

처음에는 자신이 비정규직인지 몰랐다. 사실 비정규직이라는 말
자체를 몰랐다. 같이 일하는 사람들과 임금 차이가 난다는 사실도 몰
랐다. 다들 비슷하게 받는 줄로만 알았다. 그러다 우연히 비정규직이
라는 것을 알게 되었고, 자세히 알아보니 자신은 불법파견 노동자였

다. 거대한 선박 안에서 정규직 노동자와 하청 노동자는 똑같이 일한다. 처우는 달라도 그들 모두 「근로기준법」의 보호를 받는다. 도급과 파견은 사용하는 방식과 고용(계약) 형식에 따라 구분할 수 있지만 같은 맥락으로 보면 하청(下請) 개념이다. 하청은 사용사업주가 해야 하는 일의 전부 또는 일부분을 다른 사람에게 맡기는 것을 말하는데 그다른 사람은 또다시 다른 사람에게 청부를 맡길 수 있다.

위장도급은 계약상으로는 도급 또는 업무 위탁으로 명시하고 실태는 근로자 파견 형식으로 진행한 것이다. 반면 불법파견은 파견업체가 노동자를 고용 후 고용관계를 유지하면서 파견 허용 이외의 업종으로 파견하거나, 근로자를 파견받은 사용사업주가 다시 근로자를 이중 파견하는 경우이다.

기업은 이윤을 추구하는 집단이다. 이익을 올리기 위해 상품의 질을 높이거나 영업력을 강화하는 것이 아니라 위장도급과 불법파견으로 직원들의 임금을 줄이려는 기업들이 있다. 「파견근로자 보호 등에 관한 법률」과 「기간제 및 단시간 근로자 보호 등에 관한 법률」, 「노동조합법」의 개정이 실시간 이뤄지고 강화되어도 실정은 같다.

직접 고용에 대한 목소리를 높이고 있지만 불법파견 근로자에 대한 보호가 심각한 문제로 남아 있는 것은 분명하다. 사람과 사람이 어우러져서 일하는 공동체 속에서 차별적 처우로 인권이 짓밟힐 수도 있다는 것을 모든 기업들이 알아야 한다.

파견근로자 대상으로
연차 사용 촉진이 가능할까?

이제철 노 과장님, 자료는 완성했나요?

노과장 인사1~3부 직원 연차휴가 사용 실적 말씀하시는 거죠?

이제철 네, 그렇습니다.

노과장 자료는 준비되었는데, 혹시 우리 두풍기계 소속 직원 말고 파견
직원들도 포함해야 되나요?

이제철 연차휴가 사용 촉진은 사용사업주, 파견사업주 모두 할 수 있어
요. 무조건 파견 직원들도 포함해야 합니다.

(노 과장) 알겠습니다. 파견 직원들도 포함해서 자료 만들겠습니다.

(이제철) 파견 직원들 포함해서 적극적으로 연차 사용에 동참할 수 있도록 안내하려는 취지이니 참고해주세요.

관련 법률

「근로자파견법」 제34조 (「근로기준법」의 적용에 관한 특례)

파견 중인 근로자의 파견근로에 관하여는 파견사업주 및 사용사업주를 「근로기준법」에서 정하고 있는 사용자의 정의에 의한 사용자로 보아 동법을 적용한다.

파견근로자의 사용 기간

이제철 노 과장님, 인사2부 파견 직원의 계약 기간이 언제까지인가요?

노과장 김솔 씨 말씀이시죠? 내년 초까지입니다. 최초에 1년 계약을 했고 만료 시점에 추가로 1년 연장하는 것으로 체결했습니다.

이제철 1년마다 연장 체결하는 파견근로자의 현황 관리에 신경 써야 하는 거 알죠? 2년 초과하는 경우 직접 고용을 해야 하거든요. 그 인건비를 어떻게 감당할지도 계획을 세워야 하고요.

노과장 네, 잘 알고 있습니다. 하지만 인건비 부담에 초점을 두지 않고 우수한 파견 인력들을 직접 고용할 수 있게 추가 검토를 할 필요가 있다고 봅니다.

관련 법률

「근로자파견법」 제6조의2(고용 의무)

사용사업주가 다음 각호의 어느 하나에 해당하는 경우에는 해당 파견근로자를 직접 고용하여야 한다.

1. 파견 허용 직종(32개) 외에 파견근로자를 사용하는 경우
2. 파견 절대금지 직종(건설, 항만, 철도, 물류하역, 선원, 유해위험 등)에 파견근로자를 사용하는 경우
3. 제6조제2항을 위반하여 2년을 초과하여 계속적으로 파견근로자를 사용하는 경우
4. 무허가 파견업체로부터 파견근로자를 사용하는 경우
5. 32개 금지 직종에 일시, 간헐적(출산, 부상, 질병 등)으로 사용할 수 있는 최대 기간 6개월을 초과하여 파견근로자를 사용하는 경우

파견근로자의 사고 시 책임

[최용기] 팀장님! 큰일 났습니다.

[이제철] 무슨 일이에요?

[최용기] 방금 인사2부에서 연락이 왔는데 김솔 씨가 문서 배송 업무 중에 사고가 났다고 합니다. 공장 내에서 자동차 추돌 사고라고 하네요.

[이제철] 그게 사실인가요? 김솔 씨라면 파견 직원 아닌가요?

[최용기] 파견근로자 맞습니다.

[이제철] 많이 다쳤나요?

최용기 일단 병원으로 옮겼는데 다행히 크게 다친 곳은 없지만 3일 이상 쉬어야 한답니다. 파견근로자의 안전사고는 우리 회사 책임인가요? 아니면 파견사업주 책임인가요?

이제철 우리 회사의 지휘·감독하에 업무를 수행하다 발생한 사고는 우리 회사 책임이 크겠지만 파견사업주 또한 책임을 부담합니다. 하지만 파견사업주가 일반적 지휘·감독권 행사에 주의를 기울였다고 인정되면 면책될 수 있어요.

관련 법률
대판 2001다24655, 2003.10.9

파견근로자의 파견 업무인 자동차의 운전 업무와 관련하여 발생한 사고에 대하여는 파견근로자에 대한 일반적 지휘·감독권을 갖는 파견사업주로서도 그 사고의 위험이 생길 원인을 제공한 데 또는 그 위험 방지 조치를 다하지 못한 데에 책임이 있다.

파견과 도급의 차이

최용기 팀장님! 파견과 도급은 큰 개념으로 보면 원청과의 계약으로 이 뤄지는 하청인데 어떤 차이가 있을까요?

이제철 파견은 사용업체가 직접 사업을 수행하면서 근로자만 파견받은 것이고, 도급은 수급업체의 책임 아래 도급받은 사업을 수행하는 것을 말합니다.

최용기 개념이 어렵네요. 제가 들었을 때는 그냥 같은 개념으로 보이는데요.

이제철 가장 큰 핵심은 사업 수행 과정에 근로자에 대한 지휘ㆍ명령을 누가 행사했는지에 따라 구별됩니다. 사용사업주는 파견근로자에게만 지휘·명령권을 가질 수 있고 도급인에게는 지휘·명령을 행사할 수 없어요.

관련 법률

「파견근로자 보호 등에 관한 법률」 제2조(정의)

....

"근로자 파견"이란 파견사업주가 근로자를 고용한 후 그 고용관계를 유지하면서 근로자 파견 계약의 내용에 따라 사용사업주의 지휘·명령을 받아 사용사업주를 위한 근로에 종사하게 하는 것을 말한다.

파견직 2년 후 계약직 전환

최용기 노 과장님! 인사2부로 파견 온 김솔 씨가 2년 근무 후 다시 우리 회사 소속 계약직으로 2년 근무할 수 있는 거죠?

노과장 물론이죠. 다만 특별한 사유 없이 직접 고용 의무 면탈을 위한 목적으로 계약을 체결했다면 형식적인 계약으로 보고 위법으로 판단할 수 있어요.

최용기 형식적인 계약이 아님을 증명하는 기준은 뭐죠?

노과장 업무상 필요에 의한 목적으로 재계약을 한다는 것이 원칙이에요.

최용기 그렇군요. 구체적인 사안에 따라 달라질 수 있으니 파견직을 계약직으로 재계약할 때 고려해야 할 사항이 많겠네요.

노과장 저는 개인적으로 김솔 씨의 능력을 높이 평가하고 있어서 팀장님께 직접 고용을 제안하고 싶습니다.

관련 법률

고용노동부 비정규직대책팀 2424, 2007.6.26

파견직으로 2년 사용 후 계약직으로 전환 가능하나, 「파견법」에 의한 직접 고용 의무를 단순히 면하기 위한 절차에 지나지 않는 것으로 판단되는 때에는 당해 파견근로자의 사용 기간 및 종사했던 업무의 상시성 여부, 그간 동종 근로자의 채용 관행 등 구체적 사실관계 등을 종합적으로 고려하여 직접 고용 의무를 이행하지 않는 것으로도 볼 수 있다.

대판 2022.1.27 선고 2018다207847

직접 고용 의무를 부담하는 사업사용주가 파견 근로자를 직접 고용하면서 특별한 사정이 없음에도 기간제 근로계약을 체결하는 경우 이는 직접 고용 의무를 완전하게 이행한 것이라고 보기 어렵고 이러한 근로계약 중 기간을 정한 부분은 파견 근로자를 보호하기 위한 「파견법」의 강행규정을 위반한 것에 해당하여 무효가 될 수 있다.

chapter 11

실업급여

2019년 중견 건설업체의 운전기사로 채용된 직원 A씨는 입사 후 보름 만에 해고 통보를 받았다. 2년 근무를 조건으로 입사했지만 회사가 제시한 계약 기간은 한 달 정도였고, 당시 모시던 전무가 퇴직할 때까지만 근무하라는 것이었다. 그는 합격 통보를 받을 당시와 계약 기간이 다르다며 거부했지만 회사는 강제로 서명을 강요했다. 억울한 마음에 항의를 계속하자 회사는 오히려 욕설을 퍼부었으며, 실업급여 대상에 포함되지 않는데도 공문서 조작으로 부정수급을 제안했다. A씨는 직원의 무리한 보상 때문에 실업급여를 언급했을 뿐이라며 둘러대는 회사를 상대로 노동부에 부당해고 구제 신청서를 제출했다. 운전기사 갑질 회사라는 혹을 떼려다 실업급여 부정수급이라는 혹을 더 붙이는 꼴이 되고 만 사건이었다.

실업급여는 1995년에 도입된 고용보험제도로 실업 상태일 때 지급하는 급여다. 근로자가 실직하여 구직 활동을 하는 기간에 소정의

급여를 지급하는 제도인데 근로자는 전 근무지에서 고용보험에 가입되어 있어야 한다는 전제조건이 따른다. 실직한 근로자는 실업급여 수급을 통해 생활 안정에 보탬이 되고 재취업 시 재원으로 활용할 수 있다. 여기서 또 한 가지 전제조건이 필요하다. 전 근무지에서 비자발적인 사유로 인하여 실직한 경우이다. 자의적으로 퇴사하거나 회사에 금전적, 윤리적 피해를 끼치는 등 중대하고 정당한 사유로 해고되었을 경우 실업급여 대상자에 포함되지 않는다.

실업급여제도는 수년간 많이 개정되어 왔다. 그만큼 형평성의 기준이 시대에 따라 변하기 때문이다. 국민의 일자리 참여를 북돋우고 일자리를 잃을 경우 생계비 차원에서 급여를 지급하는 좋은 제도이다. 그러나 많은 기업들은 허위나 부정한 방법으로 퇴직자들의 실업급여 수급에 가담하고 있다. 기업과 퇴직자가 서로 공모한다는 것은 사실 모순이다. 기업은 실업급여를 명분 삼아 근로자와 계약을 해지하고, 근로자는 실업급여 수급이라는 달콤한 속삭임에 사직서를 제출한다.

근로자는 실업급여를 떳떳하게 수령하고 현명하게 활용해야 한다. 기업 또한 근로자의 실업급여 수급에 비윤리적인 도움을 준다든지 잘못된 방법으로 가담해서는 안 된다. 한정된 재원, 아니 고갈될 수도 있는 재원이기에 부정수급 남발로 인해 진정 필요한 누군가가 지급받지 못하는 안타까운 일이 발생하지 않아야 한다.

질병 치료 기간에
실업급여 수급 가능 여부

서진영 　노 과장님, 안녕하세요. 저는 생산4팀에서 일하다 한 달 전 퇴사한 서진영이라고 합니다.

노 과장 　안녕하세요. 건강상 사유로 퇴직한 서 주임님 맞죠?

서진영 　기억하시네요.

노 과장 　물론이죠. 몸은 좀 어떠신가요?

서진영 　그럭저럭합니다. 쉬면서 통원치료를 하고 있는데 쉽게 낫지 않네요.

(노과장) 몸 관리 잘하셔서 얼른 완쾌하셔야죠.

서진영 저처럼 건강상 사유로 퇴직하는 경우 질병을 치료하는 기간에 실업급여 신청이 가능한가요?

(노과장) 실업급여 문의는 전 근무지가 아닌 관할 고용노동부에 연락하는 것이 원칙이지만, 제가 아는 선까지만 말씀드리면, 실업급여는 한마디로 '구직 활동 지원금'이므로 질병 치료를 위해 퇴사하는 경우에는 실업급여 신청이 불가합니다.

관련 법률
질병(부상)으로 인한 퇴사 시 심사 대상 충족 사유 및 서류

1. 퇴직 당시 진단 내용(13주 이상의 치료가 필요하며 직장을 그만둘 정도의 안정이 필요하다는 의사 소견서)
2. 질병 등으로 인한 퇴사 확인서(고용노동부 지정 양식)
3. 질병 치료 후 근로가 가능할 경우(일상생활에 무리가 없다는 의사 소견서 첨부)

실업급여 신청 기한

무주임 노 과장님, 김 부장님 얘기 들으셨어요?

노과장 우리 회사에 김 부장님이 7명이나 계십니다.

무주임 작년 초에 정년퇴직하신 김광덕 부장님이 실업급여를 못 받았다던데 무슨 일인가요?

노과장 김광덕 부장님은 최근에 실업급여를 신청하러 가셨는데 고용센터에서 반려했다고 들었어요.

무주임 작년 1월에 퇴직하지 않으셨나요? 1년이 훨씬 지났는데 왜 지금까지 실업급여 신청을 안 하고 계셨을까요?

260

노과장 정년 후 해외에 있는 자녀들도 만나고 여행을 즐기시느라 시간
이 훌쩍 지나버렸다고 해요. 퇴사일로부터 1년이 지나지 않아야 실업급여
신청이 가능한데 참 안타까운 일이네요.

> 관련 법률
> ## 실업급여 신청 및 수급 조건
> ....
> 가. 퇴사일 이전 18개월 기간 내에 180일 이상 근무하여야 함.
> 나. 퇴사일로부터 1년 이내에 신청해야 함.
> 다. 퇴직 사유가 비자발적이어야 함.
> 라. 적극적인 재취업 활동 이력이 있어야 함.

해고 근로자의 복귀 시기에 지급된 실업급여

무주임 노 과장님, 1공장 협력사인 나가라 테크원 아시죠?

노과장 나가라 테크원이라면 최근에 부당해고 사건으로 이슈가 된 회사 잖아요?

무주임 이번에 노동위원회에서 해고자를 복직시키라고 했다네요.

노과장 직원 간 다툼으로 해고되었다고 들었어요. 징계 수위가 높다고 생각하긴 했는데 복직으로 결정 났나 보네요.

무주임 구제 신청 기간에 실업급여를 받았다는데 그럴 경우 다시 노동 부에 돌려줘야 하는 건가요?

(노 과장) 맞아요. 구제 신청 기간에는 실업급여 수급 요건이 될 수 없는데 이미 지급받은 실업급여는 다시 돌려줘야 해요.

관련 법률

대판 2014. 12. 24, 구합 1590

사업주가 중앙노동위원회의 재심 판정에 따라 소급하여 복직시킴으로써 당초부터 구직급여의 요건을 갖추지 못하였던 것으로 된 이상 지급받은 구직급여는 잘못 지급된 것으로서 징수의 대상이 된다고 봄이 타당하다.

중대한 귀책사유로 인한
권고사직 시 실업급여

무주임 노 과장님, 이번에 권고사직이 결정 난 R&D 부서의 홍구라 씨가 도대체 어떤 만행을 저지른 거예요?

노과장 그건 말씀드릴 수 없어요.

무주임 현장에서는 홍구라 씨가 경쟁사에 회사 기밀자료를 전달했다는 소문이 들리던데요.

노과장 회사 인사 보안상 정확히 말씀드릴 수는 없지만 비슷한 사유로 권고사직 처리된 건 맞아요. 이번 일 때문에 정보보안팀에서 직원들 윤리 교육을 강화한다고 해요.

무주임 권고사직이라면 홍구라 씨도 실업급여는 받을 수 있겠네요?

노과장 회사 기밀 누설은 회사에 막대한 손실을 끼친 중대한 사유로 보기 때문에 권고사직이라도 실업급여 대상으로 인정받기는 어려워요.

무주임 그렇죠. 그게 상식이죠.

관련 법률
중대한 귀책사유로 실업급여 대상자로 인정하지 않는 경우

① 형법 또는 직무와 관련된 법률을 위반하여 금고 이상의 형을 선고받은 경우
② 공금 횡령, 회사 기밀 누설, 기물 파괴 등 고의적으로 회사에 막대한 지장 또는 재산상의 손해를 끼친 경우
③ 정당한 사유 없이 장기간 무단결근한 경우

타 지방 전근으로 인한
퇴직 시 실업급여

무주임 노 과장님, 이번에 물류공장이 다른 지방으로 이전되면 직원들도 함께 전근 가는 건가요?

노과장 맞아요. 현재로서는 대체할 인력이 없어서 직원 모두 전근을 가고 차츰 소재 지역에서 인원을 채용할 예정입니다.

무주임 너무 멀어서 회사를 그만두는 직원도 많을 것 같아 걱정이네요.

노과장 가족과 떨어져 근무해야 하는 직원들도 있을 거예요. 경영진에서 물류공장 직원들과 소통하는 자리를 마련한다고 했어요.

무주임 다른 지역으로 전근하게 되어 퇴직해도 실업급여를 받을 수 있나요?

(노과장) 물론이죠. 다른 지역으로 발령이 나서 퇴직한 경우에도 정당한 사유로 인정해서 실업급여 대상자에 포함하고 있어요.

관련 법률
정당한 사유로 실업급여가 인정되는 경우

다음 중 하나에 해당하는 사유로 통근이 곤란(통근 시 이용할 수 있는 통상의 교통수단으로는 사업장으로의 왕복에 드는 시간이 3시간 이상인 경우를 말한다)하게 된 경우
- 사업장의 이전 또는 지역을 달리하는 사업장으로의 전근
- 배우자나 부양하여야 할 친족과의 동거를 위한 거소 이전
- 그 밖에 피할 수 없는 사유로 통근이 곤란한 경우

chapter 12

산업안전

2018년 12월 충청남도 태안에 위치한 S발전소 공장은 그날도 어김없이 돌아갔다. 많은 하청 인력들은 아무 말 없이 출근해서 퇴근 후 가족들이 기다리는 행복한 공간으로 돌아갈 생각을 하며 묵묵히 최선을 다했다. 화력발전소 안에는 많은 점검부가 있다. 하청 근로자 김 군의 일은 석탄을 나르고 점검부 속에 팔을 집어넣어 고착탄을 제거하는 것이었다. 고착탄을 제거하지 않으면 점검부 속의 기계들이 고장 나기 때문이다. 그날 새벽 김 군은 홀로 고착탄을 제거하던 중 컨베이어벨트에 끼여 숨진 채 발견되었다.

태안의 S발전소는 정부가 운영하는 공기업이다. 2018년의 안타까운 사고 이후에도 산업재해는 꾸준히 발생했다. 공기업에도 안전의 사각지대가 있는데 민간기업은 더할 나위 없다. 생계를 위해 다니는 회사에서 일하다 다치거나 사망에 이르는 것만큼 슬픈 일도 없다. 우리나라의 산업재해율은 이 땅의 노동 현실을 대변해주고 있다. 김 군의 컨베이어벨트 사고 이후 28년 만에 「중대재해처벌법」을 포함한 「산업안전보건법」이 개정되었다.

같은 시기에 택배 종사자와 우체국 집배원의 과로사로 인해 나라가 시끄러웠다. 물론 노동정책과 안전관리로 개선되고 있지만 여전히 현재진행형이다. 과로사로 인정되거나 산업재해보험료를 신청한 사람 중에 사무직, 연구직, 임원도 다수 있다.

《우리는 왜 이런 시간을 견디고 있는가》의 저자 김형렬 교수는 당당히 휴가를 가고, 주말 휴무와 정시 퇴근을 당연하게 여기고, 추가 노동이 상시적으로 필요한 경우 추가 인력 충원을 요구할 수 있는 사회, 그것이 정상으로 인식되는 사회를 만들어야 한다고 주장한다. 또한 사업주 입장에서도 야근과 휴일 근무가 장기적으로는 이익이 될 수 없다는 인식이 필요하며, 근무 중 안전사고를 없애기 위해서는 근본적인 인식부터 바꿔야 한다고 말한다.

우리나라는 OECD 회원 국가 중에 산업재해 사망률이 23년간 두 차례를 제외하고 1위를 내준 적이 없다는 사실이 말해주듯 「산업재해 보상보험법」 개정이 시급하다.

산업재해는 엄연한 범죄행위나 마찬가지다. 안전은 일하는 근로자 스스로 지켜야 한다는 논리는 성립될 수 없다. 매출 증대에 힘쓰는 것도, 안전한 일터를 만드는 것도 회사의 역할이다. 근로자는 죽지 않고 일할 권리가 있다.

산업재해는 기업의 범죄로 규정하고 강력하게 처벌해야 한다.

산업재해조사표(3일의 개념)

무주임 노 과장님, 출하1팀에서 이번에 안전사고가 났다고 하던데요.

노과장 저도 방금 들었어요.

무주임 작년에도 사고가 나더니 출하팀과 안전방재팀에서 함께 고사라도 지내야 하는 거 아닌가요?

노과장 경미한 사고라지만 김영준 주임이 약간 다쳤다고 하더라고요. 저랑 친분이 있는데 연락 한번 해봐야겠어요.

무주임 3일 정도 통원한다고 휴업 들어갔잖아요. 이거 노동부 보고 대상 아닌가요? 제가 알기로 재해 당일을 제외하고 3일 이상 휴업에 들어가면 무슨 조사표를 내야 한다던데.

(노 과장) 맞아요. 재해 당일을 제외한 3일 이상 휴업이 필요한 부상자가
발생할 경우 산업재해조사표를 한 달 내로 제출해야 해요.

관련 법률
「산업안전보건법」 시행규칙 제73조(산업재해 발생 보고)

··

사업주는 산업재해로 사망자가 발생하거나 3일 이상의 휴업이 필요한 부상
을 입거나 질병에 걸린 사람이 발생한 경우에는 동법에서 정한 산업재해 발
생 건수 공표의 의무에 따라 해당 산업재해가 발생한 날부터 1개월 이내에
고용노동부령 서식의 산업재해조사표를 작성하여 관할지방 고용노동관서
의 장에게 제출(전자문서에 의한 제출을 포함한다)하여야 한다.

직원 간 폭행으로 인한 산업재해

무주임 노 과장님, 생산3팀 교대 근무자 2명의 인사위원회가 진행되고 있나요?

노과장 취업규칙상 인사위원회를 개최하는 것은 맞는데, 경영진에서 개최 여부를 통지하지 않네요. 고민이 많은가 봐요.

무주임 회사에서 다 큰 어른들이 싸우다니! 김강덕 반장이랑 구병희 주임은 원래 친했는데 주식 이야기하다가 홧김에 주먹질을 했대요. 김 반장이 추천한 주식 종목을 구 주임이 매수했는데 연일 계속 폭락해서 화가 많이 났다더라고요. 주먹질이 오가면서 부상을 크게 입은 것 같던데 이것도 산재 처리가 되는 거죠?

(노 과장) 판단은 근로복지공단에서 하겠지만 지금까지 판례를 보면 폭행이 업무와 인과관계가 있어야 산재로 인정됩니다. 사적인 화풀이로 인한 폭행은 업무상 재해로 판단하지 않거든요.

(무 주임) 업무와 관련 있어야 하는 거군요.

관련 법률

서울행법 2015구합78083, 2016.4.14

자신의 도발로 인해 직장 내 타인으로부터 폭행을 당한 경우, 이는 수행하던 업무에 내재하거나 이에 통상 수반하는 위험의 현실화라고 보기 어렵고 사회적 상당성을 넘어서는 것으로서 사적인 화풀이의 일환으로 상대방의 폭행을 유발한 것이므로 업무상 재해에 해당하지 않는다.

고의로 인한 산업재해 시
보상 여부

무주임 노 과장님, 검수팀 오성훈 주임이 지난달 회사에서 낸 사고가 고의로 밝혀졌다면서요?

노과장 아직 최종 결정된 것은 아닌데 근로복지공단 산업재해 보상보험 심사위원회에서 판단하기로는 고의적인 부분이 크다고 하네요. 회사 CCTV에도 증거가 남아 있고요.

무주임 사실 우리가 따져봐도 사고가 날 상황이 전혀 아니라고 생각했거든요. 뭔가 좀 찜찜한 기분이었어요. 고의적인 사고도 산재로 보상받을 수 있나요?

노과장 고의적이라고 결정 났을 경우에는 그 재해에 따른 부상은 업무상 재해로 보지 않아요. 하지만 사고 당시 오성훈 주임의 인식 능력을 과학적으로 따져봐서 기준 이하라고 결정 났을 경우는 보상이 가능한 부분이에요.

관련 법률

「산업재해보상보험법」 제37조(업무상의 재해의 인정 기준)

근로자의 고의·자해 행위나 범죄행위 또는 그것이 원인이 되어 발생한 부상·질병·장해 또는 사망은 업무상의 재해로 보지 아니한다. 다만, 그 부상·질병·장해 또는 사망이 정상적인 인식 능력 등이 뚜렷하게 낮아진 상태에서 한 행위로 발생한 경우로서 대통령령으로 정하는 사유가 있으면 업무상 재해로 본다.

진폐에 따른 전신 해부 확인

무주임 노 과장님, 지난주 계열사인 두풍광물에서 진폐로 인한 사망 사고 난 거 아시죠? 같이 일하는 동료의 친동생이 다니는 회사라서 제가 더 빨리 들었어요.

노과장 그렇지 않아도 안전방재팀에서 계열사 안전사고 사례라고 공지 했더라고요. 정말 안타까운 일이에요. 두풍광물은 예전부터 진폐로 많은 사고 사례를 남겼죠?

무주임 두풍광물은 특히 하역부서에서 사고가 많았어요. 분진이 너무 많이 날려서 호흡기 계통이나 폐 질환으로 직원들이 병원에 가는 일이 많았거든요. 사망 사고가 나면 진폐 원인인지 해부를 의뢰할 수 있는 거죠?

(노과장) 맞아요. 직원의 전신 해부 관련 동의서가 있다면 병리학 전문의가 있는 산재보험 의료기관에 전신 해부를 의뢰할 수 있어요.

관련 법률

「산업재해보상보험법」 제91조의11(진폐에 따른 사망 원인의 확인 등)

분진 작업에 종사하고 있거나 종사하였던 근로자의 사망 원인을 알 수 없는 경우에 그 유족은 해당 근로자가 진폐 등으로 사망하였는지 여부에 대하여 확인하기 위하여 병리학 전문의가 있는 산재보험 의료기관 중에서 공단이 지정하는 의료기관에 전신 해부에 대한 동의서를 첨부하여 해당 근로자의 시신에 대한 전신 해부를 의뢰할 수 있다. 이 경우 그 의료기관은 전신 해부를 할 수 있다.

산재보험 소멸 시효

무주임 노 과장님, 일하다 다치면 산재보험료를 받을 수 있잖아요. 그런 산재보험도 신청하지 않으면 소멸되는 건가요?

노과장 그럼요. 각 보험마다 소멸 시효 기간이 있어요.

무주임 휴업급여, 요양, 간병급여는 3년이 맞죠?

노과장 맞아요. 그 외에 장해급여, 유족급여, 장의비, 진폐보상 및 유족 연금은 5년이고요.

무주임 소멸 시효 기간이 넘지 않도록 신경 써야겠네요.

(노 과장) 무슨 말씀이세요. 회사에서 다치는 일이 없도록 해야죠.

(무 주임) 네, 안전이 우선이죠.

(노 과장) 오랜만에 안전 인사를 해볼까요? 무 주임님. 안~전!

(무 주임) 제~일!

관련 법률
「산업재해보상보험법」 제112조 (시효)
....
다음 각호의 권리는 3년간 행사하지 아니하면 시효로 말미암아 소멸한다.
다만, 보험급여 중 장해급여, 유족급여, 장례비, 진폐보상연금 및 진폐유족
연금을 받을 권리는 5년간 행사하지 아니하면 시효의 완성으로 소멸한다.
1. 보험급여를 받을 권리
2. 산재보험 의료기관의 권리
3. 약국의 권리
4. 보험 가입자의 권리
5. 국민건강보험공단 등의 권리

인근 식당 이동 중 사고 시 산재 여부

무주임 구내식당을 이용하거나 구내식당이 없는 회사에서 지정한 식당을 이용하기 위해 이동하는 도중에 발생한 사고는 휴게시간임에도 불구하고 산업재해가 인정되죠?

노과장 그럼요. 그뿐만 아니라 사업장 인근 식당에서 식사하기 위해 이동하거나 복귀하는 도중에 발생한 사고도 산재로 인정받을 수 있어요.

무주임 그래요? 구내식당이나 지정 식당이 아니라 인근 식당을 이용하다가 다쳐도 산재가 가능하다고요?

노과장 맞아요. 휴게시간 중 식사도 출퇴근과 동일한 행위라고 해석하기 때문이에요.

무주임 산재 여부를 떠나 다치지 않도록 조심해야겠네요.

관련 법률

근로복지공단 보상계획부 2018. 6. 11

사업장 인근 식당에서 식사를 위해 이동 중 다쳐도 산재로 인정이 가능하다. 휴게시간 중 식사도 본래 업무와 밀접한 행위에 해당한다고 볼 수 있다. 휴게시간 중 식사도 출퇴근과 마찬가지로 업무와 밀접한 행위임을 명확히 하여 사회통념상 가능한 범위 내에서 사업장 인근 식당을 식사하기 위해 이동하거나 식사 후 복귀하는 도중 발생한 사고도 업무상 재해로 인정받는다.

「중대재해처벌법」

무주임　노 과장님, 지난주에 두풍자동차서비스에서 발생한 사고는 중대재해가 맞죠? 그룹사 소식지 1면에 떴던데요.

노과장　안타까운 사고였지만 중대재해 범위는 아니에요.

무주임　중대재해의 기준이 따로 있는 건가요?

노과장　물론이죠. 산업재해 중 사망 등 재해 정도가 심한 것으로 사망자가 1명 이상 발생하거나 동일한 사고로 6개월 이상의 요양이 필요한 재해자가 2명 이상 발생하거나, 동일한 유해 요인으로 인한 질병자가 1년 이내에 3명 이상 발생 시 중대재해로 분류됩니다.

무주임 중대재해로 분류되면 처벌 강도가 높아지죠?

노과장 「중대재해처벌법」에 따라 처벌받는데 예를 들어 안전조치 의무 소홀로 사망 사고가 나면 사업주는 1년 이상의 징역 또는 10억 원 이하의 벌금에 처해질 수 있어요.

관련 법률
「중대재해 처벌 등에 관한 법률」(약칭: 중대재해처벌법)

"중대산업재해"란 다음 각 목의 어느 하나에 해당하는 결과를 야기한 재해를 말한다.
가. 사망자가 1명 이상 발생
나. 동일한 사고로 6개월 이상 치료가 필요한 부상자가 2명 이상 발생
다. 동일한 유해 요인으로 급성중독 등 직업성 질병자가 1년 이내에 3명 이상 발생

산업안전지도사의 직무

여승훈 반갑습니다. 저는 이번 두풍기계 산업안전지도사 채용 면접관인 안전방재팀 여승훈 팀장이라고 합니다.

김재준 네, 안녕하세요. 처음 뵙겠습니다. 제 이름은 김재준입니다.

여승훈 후보자님 본인 소개 간략하게 부탁드립니다.

김재준 저는 경남 진주시 문산읍 안전리에서 태어났습니다. 태어나서 지금까지 안전화만 신고 다녔고, 학창 시절에는 안전조끼를 줄기차게 입고 다녔습니다. 이름을 김안전으로 개명하고 싶었으나 여자 친구의 반대로 못 하고 있습니다. 여자 친구와 헤어지면 바로 개명할 계획입니다.

여승훈 후보자님은 산업안전지도사의 직무가 무엇이라고 생각하십니까?

김재준 산업안전지도사의 직무는 공정상의 안전에 관한 평가와 지도, 유해 위험의 방지대책에 관한 평가와 지도 그리고 공정상의 안전에 관한 평가와 지도 및 유해 위험의 방지대책에 관한 평가와 지도의 사항과 관련된 계획서 및 보고서 작성이라고 알고 있습니다. 또한 안전보건개선계획서의 작성, 위험성 평가의 지도 및 그 밖의 산업안전에 관한 사항의 자문에 대한 응답 및 조언 등입니다.

여승훈 네, 정확한 답변 감사합니다.

관련 법률
「산업안전보건법」 제142조(산업안전지도사 등의 직무)

산업안전지도사는 다음 각호의 직무를 수행한다.
1. 공정상의 안전에 관한 평가·지도
2. 유해·위험의 방지대책에 관한 평가·지도
3. 제1호 및 제2호의 사항과 관련된 계획서 및 보고서의 작성
4. 그 밖에 산업안전에 관한 사항으로서 대통령령으로 정하는 사항

맺음말

「근로기준법」은 땀 흘려 일하는 근로자들에게 취약한 부분을 보완하고 기본적인 근로소득을 유지하도록 도와주는, 즉 인간다운 생활과 생존권을 지켜주는 법규이다.

《투잡하는 김 대리는 취업규칙을 위반했을까?》는 대한민국에 있는 인사 노무 담당자들의 필독서로 자리매김하기를 바란다. 노무 관리 실력을 급속도로 늘리는 비결은 많은 상황들을 직접 또는 간접 경험하는 것이다. 하지만 법에서 명시하는 그 많은 사항을 직접적으로 경험하기는 불가능하고, 간접경험만으로는 실상을 제대로 들여다보거나 이해할 수 없다. 그래서 현시대에 가장 중점이 되는 사례를 중심으로 엮어나갔다. 무엇보다 커피숍에서 차 한잔하거나 직장에서 동료들과 잡담을 나누면서도 쉽게 읽을 수 있도록 단편 스토리텔링 형식(주로 주인공 노 과장과 무 주임의 대화)으로 구성했다.

나는 평화주의자에 가까워서 '다툼'이라는 단어를 싫어한다. 대립 관계 없이 행복한 직장 생활과 일상을 위해 「근로기준법」을 알아야 한다. 따라서 대기업과 중소기업에 종사하는 근로자, 소상공인, 노무사를 준비하는 분들과 「근로기준법」을 쉽게 알고 싶은 모든 이들이 이 책을 읽기 바란다. 꼭 알아야 하는 법률과 여러 판례들을 한눈에 볼 수 있으며 가파른 속도로 질주하고 있는 법 개정에 발맞춰 정리했다. 가정이나 사업장에 비치해두고 매일 5분이든 10분이든 틈틈이 읽다 보면 대한민국 노동의 발전에 큰 기여를 하리라 자부한다.

손 변호사가 알려주는
「근로기준법」 Q&A

1) 외국인 근로자의 기본권 주체성 여부

. . . .

Q: 외국인 노동자도 근로의 권리에 관한 기본권 주체성이 인정되나요?

A: 근로의 권리는 '일할 자리에 관한 권리'만이 아니라 '일할 환경에 관한 권리'도 포함됩니다. '일할 환경에 관한 권리'는 생존권적 기본권의 성격을 갖고 있어서 외국인 근로자에게도 근로의 권리에 관한 기본권 주체성이 인정됩니다.

관련 법률
헌재 2007.8.30, 2004헌마670

근로의 권리가 '일할 자리에 관한 권리'만이 아니라 '일할 환경에 관한 권리'도 함께 내포하고 있는바, 후자는 인간의 존엄성에 대한 침해를 방어하기 위한 자유권적 기본권의 성격도 갖고 있어 건강한 작업 환경, 일에 대한 정당한 보수, 합리적인 근로조건의 보장 등을 요구할 수 있는 권리 등을 포함한다고 할 것이므로 외국인 근로자라고 하여 이 부분에까지 기본권 주체성을 부인할 수는 없다. 즉, 근로의 권리의 구체적인 내용에 따라, 국가에 대하여 고용증진을 위한 사회적·경제적 정책을 요구할 수 있는 권리는 사회권적 기본권으로서 국민에 대하여만 인정해야 하지만,

자본주의 경제 질서하에서 근로자가 기본적 생활수단을 확보하고 인간의 존엄성을 보장받기 위하여 최소한의 근로조건을 요구할 수 있는 권리는 자유권적 기본권의 성격도 아울러 가지므로 이러한 경우 외국인 근로자에게도 그 기본권 주체성을 인정함이 타당하다.

2) 쟁의행위 근로자의 임금

. . . .

Q: 쟁의행위 기간에 일하지 않은 근로자들에게도 임금을 지급한 것은 불법행위로 볼 수 있나요?

A: 쟁의행위에 참가하느라 일하지 않은 근로자한테 임금을 지급할 의무는 없지만 금지하지는 않아요. 사용자가 마음대로 얼마든지 줄 수 있습니다.

관련 법률
「노동조합법」 제44조
(쟁의행위 기간 중의 임금 지급 요구의 금지)
....

사용자는 쟁의행위에 참가하여 근로를 제공하지 아니한 근로자에 대하여는 그 기간 중의 임금을 지급할 의무가 없다.

3) 「근로기준법」의 법원(法原)

. . . .

Q: 「근로기준법」 시행령이 모법인 「근로기준법」에 규정되지 않은 새로운 내용을 규정할 수 있나요?

A: 「근로기준법」 시행령은 법률의 위임이 없는 한 법률이 규정한 개인의 권리, 의무의 내용을 변경 또는 보충하거나 새로운 내용을 규정할 수 없습니다.

관련 법률
대판 1990. 9. 28, 89누2493

법률의 시행령은 모법인 법률에 의하여 위임받은 사항이나 법률이 규정한 범위 내에서 법률을 현실적으로 집행하는 데 필요한 세부적인 사항만을 규정할 수 있을 뿐, 법률에 의한 위임이 없는 한 법률이 규정한 개인의 권리·의무에 관한 내용을 변경·보충하거나 법률에 규정되지 아니한 새로운 내용을 규정할 수는 없다.

4) 임금채권 양수인의 권한

. . . .

Q: 임금채권 양수인이 사용자에게 임금 지급을 청구할 수 있나요?

A: 임금채권을 다른 사람에게 양도한 경우라도 임금은 직접 지급의 원칙을 전제로 하기 때문에 양수인이 사용자에게 청구할 권한은 없습니다.

관련 법률
대판1988.12.13, 1987다카2803
. . . .

근로자가 그 임금채권을 양도한 경우라 할지라도 그 임금의 지급에 관하여는 같은 원칙이 적용되어 사용자는 직접 근로자에게 임금을 지급하지 아니하면 안 되는 것이고 그 결과 비록 양수인이라고 할지라도 스스로 사용자에 대하여 임금의 지급을 청구할 수는 없다.

5) 직위해제와 징계

• • • •

Q: 직위해제와 징계가 같다고 볼 수 있나요? 크게 다를 것이 없는 것 같은데요?

A: 직위해제는 잠정적 조치로 보직 해제를 의미해요. 근로자의 비위행위에 징벌적 제재를 가하는 징계와는 성질이 다르다고 할 수 있습니다.

관련 법률
대판2007.5.31, 2007두1460

근로자에 대한 직위해제는 일반적으로 근로자가 직무 수행 능력이 부족하거나 근무 성적 또는 근무 태도 등이 불량한 경우, 근로자에 대한 징계 절차가 진행 중인 경우, 근로자가 형사사건으로 기소된 경우 등에 있어서 당해 근로자가 장래에 있어서 계속 직무를 담당하게 될 경우 예상되는 업무상의 장애 등을 예방하기 위하여 일시적으로 당해 근로자에게 직위를 부여하지 아니함으로써 직무에 종사하지 못하도록 하는 잠정적인 조치로서의 보직의 해제를 의미하므로, 과거의 근로자의 비위행위에 대하여 기업질서 유지를 목적으로 행하여지는 징벌적 제재로서의 징계와는 그 성질이 다르다.

6) 미규정된 절차의 생략 시 징계 효력

. . . .

Q: 회사의 징계에 관한 규정에 피징계자에게 진술할 기회를 제공해야 한다고 명시되어 있지 않은 경우 그런 절차 없이 징계처분한 것이 무효가 될 수도 있나요?

A: 회사의 징계 규정에 없다면 그러한 절차를 거치지 않고 징계처분을 해도 상관없습니다.

관련 법률
대판1994. 9. 30, 1993다26496
. . . .

취업규칙 등의 징계에 관한 규정에 징계 혐의자의 출석 및 진술의 기회 부여 등에 관한 절차가 규정되어 있지 않은 경우에는 그러한 절차를 거치지 않고 징계처분을 하였다 하더라도 징계의 효력에는 영향이 없다.

7) 최저임금의 구분

. . . .

Q : 우리나라도 다른 나라처럼 최저임금위원회가 지역별로 최저임금을 정할 수 있나요?

A : 지역별로 구분하는 것은 사실상 불가능합니다. 수년간 모든 업종에 대해 동일한 최저임금을 적용했지만 사업의 종류별로는 정할 수 있습니다.

관련 법률
「최저임금법」 제4조(최저임금의 결정 기준과 구분)
....

최저임금은 근로자의 생계비, 유사 근로자의 임금, 노동생산성 및 소득분배율 등을 고려하여 정한다. 이 경우 사업의 종류별로 구분하여 정할 수 있다.

8) 부당해고 구제명령 효력

· · · ·

Q: 노동위원회가 해고자에 대해 구제명령을 했다 하더라도 행정소송을 제기할 수 있나요?

A: 노동위원회에서 이미 결정된 구제명령이나 기각, 재심 결정은 행정소송으로 효력이 정지되지는 않습니다.

관련 법률
「근로기준법」 제32조(구제명령 등의 효력)

노동위원회의 구제명령, 기각 결정 또는 재심 판정은 중앙노동위원회에 대한 재심 신청이나 행정소송 제기에 의하여 그 효력이 정지되지 아니한다.

9) 합리성이 인정되는 취업규칙 불이익 변경

· · · ·

Q: 근로자의 동의를 구하지 않고 취업규칙에서 불이익을 줄 수 있는 내용으로 변경한 경우에도 사회통념상 타당하다고 하면 인정될 수도 있나요?

A: 근로자의 집단적 의사 결정에 의한 동의 없이 근로자에게 불리하게 변경된 취업규칙이라도 법규로 인정할 만큼 사회통념상 합리성이 있다고 인정되는 경우 적용될 가능성이 있습니다.

관련 법률
대판 2009.06.11, 2007도3037
· ·

당해 취업규칙의 작성 또는 변경이 그 필요성 및 내용의 양면에서 보아 그에 의하여 근로자가 입게 될 불이익의 정도를 고려하더라도 여전히 당해 조항의 법적 규범성을 시인할 수 있을 정도로 사회통념상 합리성이 있다고 인정되는 경우에는, 종전 근로조건 또는 취업규칙의 적용을 받고 있던 근로자의 집단적 의사결정 방법에 의한 동의가 없다는 이유만으로 그의 적용을 부정할 수는 없다.

10) 「근로기준법」 위반에 대한 공소 제기

· · · ·

Q: 금품청산 관련 「근로기준법」을 위반한 자에 대해 피해자의 의사와는 다르게 공소 행위를 할 수 있는 것인가요?

A: 아뇨. 관련 법을 위반한 자에 대하여는 피해자의 의사와 다르게 공소를 제기할 수 없습니다.

관련 법률
「근로기준법」 제109조(벌칙)

금품 청산, 임금 지급, 도급 사업에 대한 임금 지급, 건설업에서의 임금 지급 연대책임, 휴업수당, 근로한 기간이 단위기간보다 짧은 경우의 임금 정산, 선택적 근로시간제, 연장·야간 및 휴일근로를 위반한 자에 대하여는 피해자의 명시적인 의사와 다르게 공소를 제기할 수 없다.

11) 외국인 근로자 권익보호협의회

. . . .

Q : 외국인 근로자의 권익 보호를 위하여 권익보호협의회를 반드시 설치해야 하는 건가요?

A : 그렇지 않습니다. 직업안정기관에 관할 구역의 노동자단체와 사용자단체 등이 참여하는 외국인 근로자 권익보호협의회를 둘 수는 있지만 의무 사항은 아닙니다.

관련 법률
「외국인 근로자의 고용 등에 관한 법률」 제24조의2
....

외국인 근로자의 권익 보호에 관한 사항을 협의하기 위하여 직업안정기관에 관할 구역의 노동자단체와 사용자단체 등이 참여하는 외국인 근로자 권익보호협의회를 둘 수 있다.

12) 최저임금 고시 당사자

· · · ·

Q : 최저임금을 고시하는 당사자는 최저임금위원회인가요, 아니면 고용노동부 장관인가요?

A : 고용노동부 장관입니다. 고용노동부 장관은 최저임금위원회가 의결한 최저임금안으로 매년 8월 5일까지 결정하고 고시해야 합니다.

관련 법률
「최저임금법」 제8조(최저임금의 결정)

고용노동부 장관은 매년 8월 5일까지 최저임금을 결정하여야 한다. 이 경우 고용노동부 장관은 대통령령으로 정하는 바에 따라 최저임금위원회에 심의를 요청하고, 위원회가 심의하여 의결한 최저임금안에 따라 최저임금을 결정하여야 한다.

13) 파견근로자에 대한 고지 의무

. . . .

Q : 파견사업주가 파견근로자로 고용하지 않은 근로자를 파견했을 경우 그 취지를 반드시 서면으로 알려야 하는 거죠?

A : 네, 맞습니다. 취지를 서면으로 상세히 알려주고 해당 근로자의 동의를 얻어야 파견근로자로 업무를 수행할 수 있습니다.

관련 법률

「파견근로자보호 등에 관한 법률」 제24조
(파견근로자에 대한 고지 의무)

파견사업주는 그가 고용한 근로자 중 파견근로자로 고용하지 아니한 사람을 근로자 파견의 대상으로 하려는 경우에는 미리 해당 근로자에게 그 취지를 서면으로 알리고 그의 동의를 받아야 한다.

14) 취업규칙 변경 시 근로자 주지의 필요성

····

Q: 취업규칙을 사용자가 신설 또는 변경했다고 즉시 효력이 생기는 건 아니죠?

A: 그렇습니다. 신설 또는 변경된 취업규칙이 효력을 발휘하려면 관련 법에서 정한 절차에 따라 근로자에게 반드시 알려야 합니다.

관련 법률
대판 2004. 2. 12, 2001다63599

취업규칙은 사용자가 정하는 기업 내의 규범이기 때문에 사용자가 취업규칙을 신설 또는 변경하기 위한 조항을 정하였다고 하여도 그로 인하여 바로 효력이 생기는 것이라고는 할 수 없고 신설 또는 변경된 취업규칙의 효력이 생기기 위해서는 반드시 같은 법에서 정한 방법에 의할 필요는 없지만, 적어도 법령의 공포에 준하는 절차로서 그것이 새로운 기업 내 규범인 것을 널리 종업원 일반으로 하여금 알게 하는 절차, 즉 어떠한 방법이든지 적당한 방법에 의한 주지가 필요하다.

15) 근로자 우선 재고용 의무

. . . .

Q: 경영상 이유로 근로자를 해고한 날부터 3년 이내에 해고 당시 담당한 업무에서 인력을 채용하려고 하면 해고된 근로자가 원할 경우 우선적으로 채용해야 하는 거죠?

A: 그렇습니다. 사용자는 근로자를 해고한 날부터 3년 이내에 해고된 근로자가 담당했던 업무에서 채용을 해야 할 때는 해고된 근로자를 우선적으로 고용할 의무가 있습니다.

관련 법률
「근로기준법」 제25조(우선 재고용 등)
. . . .

근로자를 해고한 사용자는 근로자를 해고한 날부터 3년 이내에 해고된 근로자가 해고 당시 담당하였던 업무와 같은 업무를 할 근로자를 채용하려고 할 경우 해고된 근로자가 원하면 그 근로자를 우선적으로 고용하여야 한다.

16) 최저임금 적용 제외

. . . .

Q: 신체 장애가 업무 수행에 직접적으로 지장을 주는 것이 명백하다면 최저임금 적용에서 제외할 수도 있는 거죠?

A: 맞습니다. 정신장애나 신체장애로 근로 능력이 현저히 낮은 자, 그 밖에 최저임금을 적용하는 것이 적당하지 않다고 인정되면 고용노동부 장관의 인가를 얻어 최저임금을 적용하지 않아도 됩니다.

관련 법률
「최저임금법」 제7조(최저임금의 적용 제외)

. . . .

다음 각호의 어느 하나에 해당하는 사람으로서 사용자가 대통령령으로 정하는 바에 따라 고용노동부 장관의 인가를 받은 사람에 대하여는 적용하지 아니한다.
1. 정신장애나 신체장애로 근로 능력이 현저히 낮은 사람
2. 그 밖에 최저임금을 적용하는 것이 적당하지 아니하다고 인정되는 사람

17) 근로자파견사업 허가의 유효기간

. . . .

Q : 근로자파견사업을 허가받았어도 일정한 시기에 계속 갱신해야 되는 거죠?

A : 근로자파견사업의 유효기간은 3년입니다. 파견근로자의 고용안정과 복지 증진 차원에서 3년마다 갱신하도록 되어 있습니다.

관련 법률

「파견근로자보호 등에 관한 법률」 제10조(허가의 유효기간 등)

. . . .

① 근로자파견사업 허가의 유효기간은 3년으로 한다.

② 제1항에 따른 허가의 유효기간이 끝난 후 계속하여 근로자파견사업을 하려는 자는 고용노동부령으로 정하는 바에 따라 갱신허가를 받아야 한다.

18) 불법체류 근로자의 법적 보호 여부

. . . .

Q : 외국인 근로자가 불법체류로 일하더라도 「근로기준법」의 보호를 받을 수 있나요?

A : 물론이죠. 불법체류를 하고 있더라도 임금을 받고 일하는 경우에는 「근로기준법」을 포함한 관련 법의 적용을 받습니다.

관련 법률
대판 1997. 10. 10, 1997누10352

산업기술연수생이라는 명목으로 입국하여 취업 자격이 없는 외국인이 「출입국관리법」상의 고용 제한 규정에 위반하여 사업장에 취업하여 근로를 제공하고 연수비 명목의 임금과 시간외수당을 지급받은 경우 「산재보험법」이 적용되는 근로자에 해당한다.

19) 근로복지정책의 기본 원칙

. . . .

Q:「근로복지기본법」상 근로복지정책은 임금과 근로시간 등 기본적인 근로조건을 포함해 근로 의욕을 증진하고 삶의 질을 향상하기 위한 것이죠?

A: 그렇지 않아요. 근로복지정책은 임금 및 근로시간 등 기본적인 근로조건은 제외한 상태에서 방금 말한 대로 근로자의 근로 의욕 증진 등을 목적으로 하고 있습니다.

관련 법률
「근로복지기본법」 제3조(근로복지정책의 기본 원칙)

근로복지(임금·근로시간 등 기본적인 근로조건은 제외한다. 이하 같다) 정책은 근로자의 경제·사회활동의 참여 기회 확대, 근로 의욕의 증진 및 삶의 질 향상을 목적으로 해야 한다.

. . . .

Q : 취업규칙을 개정했을 경우 불이익인지를 판단하는 시점은 근로자의 집단적 동의가 이루어진 시점인가요, 아니면 개정한 시점인가요?

A : 퇴직금 규정 개정에 관해 유명한 대법원 판례가 있는데 이익, 불이익 여부 판단 시점은 개정이 이루어진 시점이라고 보고 있습니다.

관련 법률

대판 2000. 9. 29, 1999다45376

취업규칙의 일부인 퇴직금 규정의 개정이 근로자들에게 유리한지 불리한지 여부를 판단하기 위하여 퇴직금 지급률의 변화와 함께 그와 대가 관계나 연계성 있는 기초임금의 변화도 고려하여 종합하여 판단하여야 하지만, 그 판단 기준 시점은 퇴직금 규정의 개정이 이루어진 시점이다.

21) 쟁의행위 목적의 정당성

. . . .

Q : 최근 노동조합에서 조금 무리한 임금 인상을 요구하며 쟁의행위를 벌이고 있는데, 이 부분은 정당한 행위로 볼 수 있나요?

A : 노동조합이 무리한 임금 인상을 요구하고 있다 하더라도 쟁의행위 자체를 부당하게 볼 수는 없습니다.

관련 법률
대판 1992.1.21, 1991누5204
. . . .
과다한 요구가 있었다고 하여 곧바로 그 쟁의행위의 목적이 부당한 것이라고 해석할 수는 없다.

22) 노조활동 근로자의 연장근로 거부

....

Q: 노조활동에 적극적인 근로자가 연장근로를 희망할 경우 회사가 거부하면 부당노동 행위로 볼 수 있나요?

A: 근로자가 연장근로를 희망할 경우 회사는 반드시 허가할 의무는 없지만 노조활동에 적극적이라는 이유로 거부한다면 부당노동 행위로 볼 수 있어요.

관련 법률
대판 2006.9.8, 2006도38

일반적으로 근로자가 연장 또는 휴일근로를 희망할 경우 회사에서 반드시 이를 허가하여야 할 의무는 없지만 특정 근로자가 파업에 참가하였거나 노조활동에 적극적이라는 이유로 해당 근로자에게 연장근로 등을 거부하는 것은 해당 근로자에게 경제적 내지 업무상의 불이익을 주는 행위로서 부당노동 행위에 해당할 수 있다.

23) 원청회사의 부당노동행위

• • • •

Q: 원청회사가 비합리적인 방법으로 일감을 줄여 사내 하청업체의 도산을 유도하거나, 하청업체 소속 근로자의 노동조합 활동을 위축시킬 경우 부당노동 행위로 볼 수 있나요?

A: 하청업체 소속 근로자의 기본적인 노동조건에 실질적인 지배력을 행사하고 있는 원청회사가 하청업체의 사업 폐지를 유도하고 실제로 하청업체 소속 근로자의 노동조합에 지배, 개입 행위를 한 경우 부당노동 행위에 해당합니다.

관련 법률
대판 2010. 3. 25, 2007두8881

원청회사가 고용사업주인 사내 하청업체의 권한과 책임을 일정 부분 담당하고 있다고 볼 정도로 실질적이면서 구체적으로 지배하고 결정할 수 있는 지위에 있고 사내 하청업체의 사업 폐지를 유도하는 행위와 그로 인하여 사내 하청업체 노동조합의 활동을 위축시키거나 침해하는 지배, 개입 행위를 하였다면, 원청회사는 「노조법」에서 정한 부당노동 행위의 시정을 명하는 구제명령을 이행할 주체로서의 사용자에 해당한다.

참고문헌

- 《근로시간 단축제도 가이드북》, 고용노동부 고용문화개선정책과, 2019. 12.
- 《일터혁신교육 근로형태 개편 과정》, 고용노동부 노사발전재단, 2019. 1.
- 《사장님! 노무 세금 몰라서 참 힘드시지요?》, 손원준, K.G.B 지식만들기, 2021. 1.
- 『「근로기준법」과 인사쟁이 노무 비법노트》, 손원준, K.G.B 지식만들기, 2012. 8.
- 《근로자 퇴직연금보장법질의회시집》, 고용노동부 퇴직연금복지과, 2015. 12.
- 《노무 빅데이터》, 홍덕천, 엠아이북스, 2019. 4.
- 《알기 쉬운 국민연금 사업장 실무안내》, 국민연금공단, 2019. 12.
- 《2021 개인사업자 및 소규모 사업주들을 위한 임금·인사·노무관리》, 신동명, 아틀라스
  북스, 2020. 12.
- 《사장님! 노무? 어렵지 않아요》, 최용규, 가나북스, 2020. 1.
- 《노동법의 달인이 된 왕초보 유쾌한 대리》, 정광일, 도서출판 선함, 2020. 12.
- 《연차휴가 운영과 노무관리》, 이민석·이경복, 미래와 경영, 2020. 6.
- 《노사관계 개선의 바른길 Ⅰ, Ⅱ》, 조영길, 비봉출판사, 2011. 3.
- 《한국과 OECD 국가의 노사관계 비교평가》, 김동원 외, 박영사, 2012. 1.
- 《대한민국 기업흥망사》, 공병호, 해냄, 2011. 11.
- 《말이 되는 소리하네》, 박정훈·장귀연, 명랑한지성, 2017. 4.
- 《좋은 일자리의 힘》, 제이넵 톤, 최성옥 옮김, 행복한북클럽, 2020. 8.
- 《이토록 멋진 휴식》, 존 피치·맥스 프렌젤, 손현선 옮김, 현대지성, 2021. 7.
- 《현대조선잔혹사》, 허환주, 후마니타스, 2015. 1.

그 外 최근 10년간 공인노무사 기출문제 중 중요도가 높은 문제 내용을 참고하여 인용함.

※「근로기준법」은 널리 알려진 국가의 법이므로 인용 및 참고문헌 중 일부 문구와 유사한 점이 발생할 수 있으나, 내용의 전반적 문장 및 콘셉트는 작가의 순수 창작물임을 알려드립니다.

도와주신 분들

• 대구지방고용노동부(포항)
• 광주지방고용노동부(여수)
• 울산지방노동위원회(울산)
• 근로감독관 및 소속 공인노무사

투잡하는 김 대리는
취업규칙을 위반했을까?

초판 1쇄 인쇄 2022년 4월 26일
초판 1쇄 발행 2022년 5월 6일

지은이 노정진
펴낸이 이범상
펴낸곳 (주)비전비엔피 · 비전코리아

기획 편집 이경원 차재호 김승희 김연희 고연경 박성아 최유진 황서연 김태은 박승연
디자인 최원영 이상재 한우리
마케팅 이성호 최은석 전상미 백지혜
전자책 김성화 김희정 이병준
관리 이다정

주소 우)04034 서울특별시 마포구 잔다리로7길 12 (서교동)
전화 02) 338-2411 | **팩스** 02) 338-2413
홈페이지 www.visionbp.co.kr
이메일 visioncorea@naver.com
원고투고 editor@visionbp.co.kr
인스타그램 www.instagram.com/visionbnp
포스트 post.naver.com/visioncorea

등록번호 제313-2005-224호

ISBN 978-89-6322-188-5 13320

도서에 대한 소식과 콘텐츠를
받아보고 싶으신가요?